LA COURSE DESTINATION MONDE

1995-1996

LE MAGAZINE *GÉO PLEIN AIR*
PRÉSENTE

LA COURSE DESTINATION MONDE

1995-1996

Patrick Brunette, Jean-François Coulombe, Manon Dauphinais,
Philippe Desrosiers, Linda Lamarche, Stéphane Lapointe,
Natalie Martin, Marie-Noëlle Swiderski

Les Éditions Tricycle inc.
1251, rue Rachel Est,
Montréal (Québec)
H2J 2J9

Vous désirez écrire à l'un des globe-trotters de la Course destination monde ?
Faites-le à l'adresse suivante :

La Course destination monde
Société Radio Canada
1400 est, boul. René-Lévesque
Montréal (Qc)
H2L 2M2

Site internet :
http://www.src.ca/la course

Conception graphique, infographie et correction :
Les Éditions Tricycle inc.
Photo de la page couverture :
Patrick Brunette, Philippe Desrosiers, Linda Lamarche, Stéphane Lapointe

Dépôt légal — Bibliothèque nationale du Québec, 1996
Dépôt légal — Bibliothèque nationale du Canada, 1996
3e trimestre 1996
ISBN : 2-922072-01-0

EN GUISE D'INTRODUCTION

Bon, ça y est, ils remettent ça. Et moi qui suis toujours aussi embêté quand vient le temps d'écrire quelque chose. Qu'à cela ne tienne, je plonge et vous fais grâce de mes angoisses.

Un mot, donc, sur cette cuvée 1995-1996 de la Course destination monde. En commençant par le B comme dans Brunette Patrick. Le gars aux souliers roses, celui qui voulait faire la Course depuis un bon moment déjà. Il a respecté ses engagements, notamment de ne jamais jouer de l'archet sur le dos de la pauvreté. Il a aussi réussi son film d'un plan-séquence. Il a réussi... avec enthousiasme et détermination. Il a même fait flipper les patrons lors d'un faux téléphone en direct à bord d'un avion. La facture, boss... on s'en occupe. On l'a bien rigolée celle-là !

Jean-François Coulombe, allez savoir pourquoi, moi je le vois au volant d'une camionnette à parcourir les routes d'Amérique du Sud ou d'ailleurs à la recherche de sujets. Journaliste *on the road*, journaliste du *beat*, un gars de terrain. Coulombe, c'est le barbu qui aime le football, les femmes, la belle bière... enfin ces petits plaisirs de la vie. Ses copains, je ne sais trop pourquoi, l'ont surnommé GG. Probablement pour Gargantuesque et Gourmand, faudrait vérifier. En attendant, je le remercie de nous avoir parlé de ceux qu'on oublie trop souvent dans les bulletins officiels.

Manon Dauphinais a été étonnante et constante. Rarement a-t-on vu quelqu'un se maintenir de la sorte en tête du peloton. Quelle rigueur : des images extraordinaires, une recherche impeccable, des reportages parfois déchirants de vérité. D'une constance je vous dis, même au téléphone... Anxieuse... un peu oui. Mais, entre vous et moi, on le serait à moins.

Philippe Desrosiers, mon petit flip comme j'aime l'appeler. En v'là un qui a surmonté de brillante façon ses angoisses de créateur. Attention, j'ai pas dit que ça avait été facile. Il a pris des risques pour en ressortir parfois égratigné, mais à tout le moins gagnant, soulagé et heureux, je pense. Bravo. Tout ce que je souhaite, c'est que les élèves du «psy» apprennent que le prof est parti en sabbatique s'amuser avec sa caméra. Ça va nous faire des belles vues pour cet hiver.

Mademoiselle Lamarche qui, pour les besoins de l'émission et de sa Course surtout, est devenue mon épouse. Platonique union, est-il nécessaire de le préciser. Quelle belle énergie se dégage de cette fille. Non, mais faut le faire. Pas souvent rencontré quelqu'un d'aussi exalté. En dépit des embûches, elle a gardé le moral, malgré quelques baisses aussi, bien sûr. C'est pas une sainte que diable. Dieu l'en préserve. Qui peut oublier le Liban, la route de la soie, son sourire ? Certainement pas moi.

Stéphane Lapointe en est un autre qui la voyait dans ses céréales la Course. Il y aura enfin goûté et de belle façon. Il ne voulait pas donner dans l'humour, préférant explorer une autre avenue de la voie lactée de ses talents. Mais comme dit l'autre, chassez le naturel et il revient toujours par la porte d'en arrière. Et puis après tout, l'humour, dans le fond, c'est sérieux.

Natalie Martin, c'est l'énigmatique diront certains. Moi je dirais plutôt qu'elle n'a pas eu peur d'écouter ce qui se tramait à l'intérieur. Ça pouvait aller du coup de foudre à l'interrogation. Mais entre vous et moi, si c'est pas ça la Course, faudra m'expliquer. La poésie l'habite, l'incertitude aussi. C'est le propre des créateurs. Rappelez-vous la façon dont elle nous a parlé du Viêtnam. Ouf...

Étonnante et secrète Nanou. Marie-Noëlle Swiderski a toujours été à la hauteur, celle qu'elle s'était fixée... Parce qu'après un début européen que les juges n'ont pas semblé apprécier, elle s'est, à mon avis, quelque peu refermée. Dommage pour nous, mais la petite bête en a eu assez de se faire mordre et elle s'est défendue à sa manière. Trop intelligente pour sombrer dans la déprime, bien que passagère parfois, elle a choisi de vivre la Course plutôt que de la subir. Remarquez, ce n'est qu'une impression. Merci pour ce petit morceau d'Afrique Swiderski.

Bon finalement, je ne suis pas très original. Je voulais faire différemment cette année et tout ce que je trouve à faire, c'est d'écrire un petit mot sur chacun. Probablement que c'est encore la meilleure manière que j'ai d'écrire un peu sur ceux que j'aime beaucoup.

Allez, bonne lecture et bon voyage.

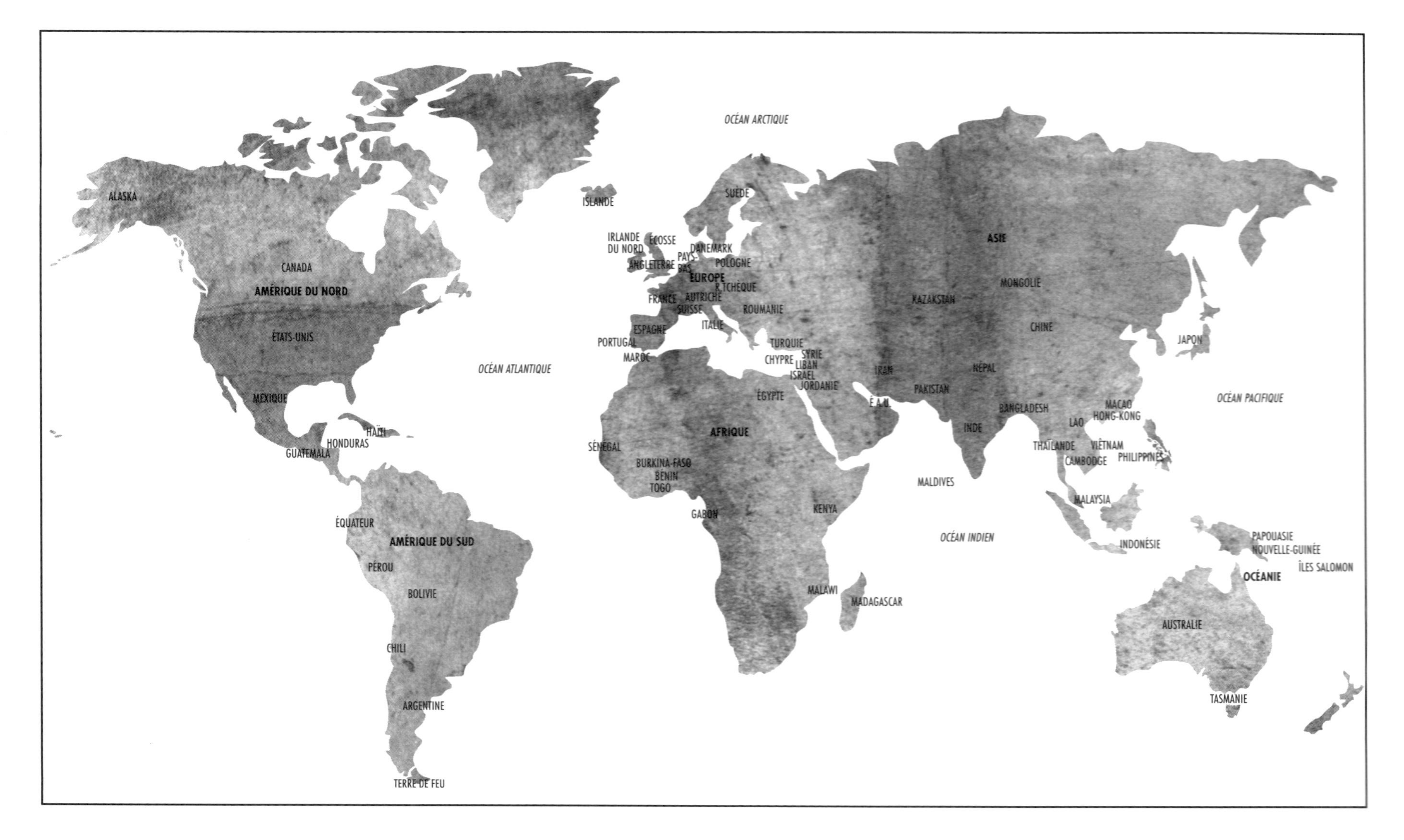
OCÉAN ARCTIQUE
ALASKA
CANADA
AMÉRIQUE DU NORD
ÉTATS-UNIS
MEXIQUE
HAÏTI
HONDURAS
GUATEMALA
ISLANDE
OCÉAN ATLANTIQUE
SUÈDE
IRLANDE DU NORD
ÉCOSSE
ANGLETERRE
DANEMARK
PAYS-BAS
POLOGNE
EUROPE
R. TCHÈQUE
FRANCE
AUTRICHE
SUISSE
ROUMANIE
ITALIE
ESPAGNE
PORTUGAL
MAROC
TURQUIE
CHYPRE
SYRIE
LIBAN
ISRAËL
JORDANIE
ÉGYPTE
SÉNÉGAL
AFRIQUE
BURKINA-FASO
BÉNIN
TOGO
GABON
KENYA
MALAWI
MADAGASCAR
ÉQUATEUR
AMÉRIQUE DU SUD
PÉROU
BOLIVIE
CHILI
ARGENTINE
TERRE DE FEU
ASIE
KAZAKSTAN
MONGOLIE
CHINE
IRAN
NÉPAL
PAKISTAN
É.A.U.
BANGLADESH
INDE
MALDIVES
OCÉAN INDIEN
JAPON
OCÉAN PACIFIQUE
MACAO
HONG-KONG
LAO
THAÏLANDE
VIÊTNAM
CAMBODGE
PHILIPPINES
MALAYSIA
INDONÉSIE
PAPOUASIE
NOUVELLE-GUINÉE
ÎLES SALOMON
OCÉANIE
AUSTRALIE
TASMANIE

PATRICK BRUNETTE

« Les gens tiennent à la vie
plus qu'à n'importe quoi.
C'est quand même
marrant quand on pense à
toutes les belles choses qu'il
y a dans le monde. »

— Romain Gary

Itinéraire

13 août	Montréal-Miami	avion
19 août	Miami-Piura	avion
1er septembre	Piura-Guayaquil	autobus
6 septembre	Guayaquil-Piura	autobus
8 septembre	Piura-La Paz	avion
19 septembre	La Paz–Port-au-Prince	avion
1er octobre	Port-au-Prince–Amman	avion
10 octobre	Amman-Wadi Rum	autobus
11 octobre	Wadi Rum-Wadi Rum	chameau
17 octobre	Amman-Jérusalem	autobus
19 octobre	Jérusalem-Amman	autostop
20 octobre	Amman-Damas	voiture
23 octobre	Damas-Beyrouth	taxi
26 octobre	Beyrouth-Baku	voiture
2 novembre	Beyrouth-Le Caire	avion
3 novembre	Le Caire-Lilongwe	avion
6 novembre	Lilongwe-Blantyre	voiture
10 novembre	Blantyre-Lilongwe	autobus
12 novembre	Lilongwe-Nairobi	avion
14 novembre	Nairobi-Dadaab	avion
16 novembre	Dadaab-Nairobi	avion
23 novembre	Nairobi-Tana	avion
7 décembre	Tana-Farafangana	avion
11 décembre	Farafangana-Tana	avion
14 décembre	Tana-Lahore	avion
26 décembre	Lahore-Malé	avion
30 décembre	Malé-Diffushi	bateau
31 décembre	Diffushi-Malé	bateau
9 janvier	Malé-Dhaka	avion
15 janvier	Dhaka-Sylhet	avion
18 janvier	Sylhet-Bandar Seri	avion
21 janvier	Bandar Seri-Miri	autobus
26 janvier	Miri-Kuching	autobus
31 janvier	Kuching-Manille	avion
16 janvier	Manille-Macao	avion
18 janvier	Macao-Montréal	avion
18 janvier	Montréal–Montréal-Nord	De nuage en nuage

EN COMMENÇANT PAR LA FIN

Je reprends ma caméra. J'enlève la cassette qui contient les images de mon dernier film. Il y a de l'urgence dans l'air. Je place la cassette sur laquelle j'enregistre des bouts de ma Course à mes parents. J'appuie sur le bouton rouge, comme si c'était la dernière fois. Je me filme. «J'ai peur en #!*% !. (...) J'espère être toujours vivant quand vous verrez ces images.»

Ça fait une heure que je fuis un feu de brousse dans les montagnes des Philippines. Je suis avec Jim-Jim et un jeune accompagnateur. Le feu brûle les herbes sèches. Le vent le pousse vers nous.

Dans ma tête, un tourbillon d'idées, d'images, de rencontres, de paroles, de regards. «La mort ne me fait pas peur. Ce qui m'angoisse, c'est mourir.»

Il ne me reste qu'une semaine de Course. Cette Course dont j'ai tant rêvé. Ce rêve devenu obsession puis réalité est en train de se transformer en cauchemar. Je me vois déjà m'envoler en fumée. Transpercé par les flammes. C'est étrange. J'ai peur autant que je me sens prêt à le vivre. Comme si, après six mois de vie intense, il n'y avait que la mort pour me faire sentir si vivant.

Les flammes s'approchent toujours. Des brindilles d'herbe carbonisées tombent à mes côtés. Je ne bouge plus. Jim-Jim me parle de Dieu, de la vie après la vie. Moi, je lui dis que je viens de vivre les plus beaux six mois de ma vie. Pas le temps de m'arrêter et de penser à ce qu'il y a après la vie. Je suis trop heureux. Et toujours ces flammes qui approchent...

Jeudi 29 juin 1995

Il fait chaud. Ça boucane d'impatience. On est tous là, les 15 finalistes, à brûler d'envie de savoir qui seront les huit chanceux de cette année, ceux et celles qui vivront cette fameuse Course. Monique, la réalisatrice, nous répète qu'on mérite tous de la faire, qu'on est beaux, fins, mais...

Elle a un papier dans les mains. Elle le porte devant ses yeux qui, soudain, se noient. Brusquement, il y a un éboulement de terrain dans sa voix. Elle est submergée d'émotions.

Pierre Therrien s'empare du bout de papier qui a causé ce désastre naturel. Nous sommes suspendus à ses lèvres. Sa voix survole la salle silencieuse : « Patrick Brunette... »

Tremblement de terre et moment de panique. Merde ! Est-ce que c'est la liste de ceux qui partent ou de ceux qui restent ?

C'est le Pérou.

« *¡Hola Señior! ¡El telefono!*

(Un téléphone pour moi ? Qui peut bien me donner un coup de fil ici ?)

- Salut Patrick !

C'est Stéphane Lapointe !

- Je suis à Lima ! Je saute dans le prochain avion et je viens te rejoindre ! »

C'est irréel ! C'est le 22 août, je suis à Piura depuis quelques jours. J'ai vu Stéphane à l'aéroport de Dorval il y a neuf jours à peine et le voilà qui me téléphone pour me dire qu'il vient me rejoindre dans le nord du Pérou. Complètement déboussolant de le revoir ! Heureusement que j'ai une copie de l'article du journal *El Tiempo* qui relate notre rencontre à Piura, sinon je n'y croirais pas !

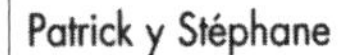

Patrick y Stéphane

Televisión desde Canadá

Desde hace unos días se encuentran en nuestra ciudad dos jóvenes artistas canadienses, que están recogiendo tomas de distintos paisajes de la zona, para enviarlos al programa para el que trabajan en Quebec, la parte francoparlante del Canadá.

Ellos son *Stéphane Lapointe* (24) y *Patrick Brunette* (26), y el programa de televisión para el que trabajan es: *La Course Destination Monde* (algo así como *Gira alrededor del mundo*), en el que se presentan siempre imágenes de distintos lugares del planeta.

"Nuestro trabajo no es tanto periodístico, ni siquiera documental. Es un poco más poético, artístico e incluso de ficción -nos dice *Stéphane*- porque nosotros mismos podemos crear nuestra historia".

Ellos llevan ya en el país aproximadamente 5 días y tienen planes para quedarse otros cinco más, luego partiran a Guayaquil, Ecuador.

¿Cómo escogieron al Perú?

"El canal me envió a mí hacer un informe sobre la malaria", nos cuenta Patrick.

"Lo mio no fue por ninguna razón en especial. Simplemente nos enseñaron [...]

De esta forma escogieron más de 15 países entre los que están además del nuestro, Ecuador, España, Francia algunos de Africa y finalmente el Japón.

DIRECTORES FAVORITOS

Cuando terminen su trabajo para la televisión, ellos estarían muy interesados en seguir la carrera cinematográfica, pues ambos son amantes del cine y dicen ver entre 3 a 4 películas por semana.

Entre los directores actuales que prefieren están: *Quentin Tarantino, Woody Allen y Roman Polanski*, y entre los cineastas de su país a: *Ricardo Trogi, Jean-Claude Lauzon* y *Denys Arcand*, estos últimos desconocidos para la mayor parte de los peruanos.

Los canadienses, mostraron mucho interés en conocer muestras de realizadores peruanos y se llevaron algunos nombres [...]

A. ANTÓN

Buenos Amigos. Aunque recientemente se han conocido aquí Patrick y Stéphane han hecho buenas migas.

Patrick y Stéphane creen que los Estados Unidos han invadido culturalmente al mundo y es casi imposible detener su influencia.

"Es imposible detener la influencia de los [...]

frente es haciendo buenas películas, buena televisión, buenos artistas, buena música, etc." Ambos dicen llevarse un buen recuerdo del Perú y de su gente, a [...]

Pendant ce temps, à Montréal.

18 septembre. Copacabana, village sur le bord du lac Titicaca, en Bolivie. Il est 17 h précises. Je prends l'autobus qui me ramène à La Paz. Au même instant, à des milliers de kilomètres d'ici, dans un studio de Radio-Canada, c'est la première de *La Course destination monde*.

L'autobus roule. J'imagine les premières images : la Terre qui tourne, nos visages, la musique, Pierre Therrien saluant tout le monde...

L'autobus roule. Nous sommes dans les montagnes. La route est étroite. Trop étroite à mon goût. Accoudé sur le rebord de la fenêtre, je vois les ravins. La route est cahoteuse. Je me tiens solidement. J'ai peur que l'autobus surchargé bascule dans le précipice. J'ai vraiment peur. Je panique. Je ferme les yeux en pensant qu'à Montréal, au même instant, c'est la première émission. Ça ne m'aide vraiment pas à me sentir plus en sécurité. Dans quelle maudite galère me suis-je embarqué ?

Jour de pluie

Ça y est, ça n'avance presque plus. Me voilà coincé dans un embouteillage à Port-au-Prince. Ça roule au compte-gouttes. D'ailleurs, parlant de gouttes, en voilà qui tombent du ciel. L'embouteillage devient un énorme lave-auto à ciel ouvert. La pluie fait un vacarme monstre en s'écrasant sur la tôle de la voiture. J'ai toujours aimé l'odeur des averses. Ici, elle a un parfum particulier : un mélange de canne à sucre, de mangues et de déchets.

Port-au-Prince me rappelle l'Afrique : c'est le bordel et l'anarchie dans toute sa spontanéité.

C'est la simplicité. Comme cet enfant qui profite de l'averse pour s'offrir une bonne douche savonneuse devant cette pâtisserie.

C'est la débrouillardise. Comme ces jeunes bien musclés prêts à bondir sur la prochaine voiture enfoncée dans un trou d'eau pour la sortir de là en échange de quelques pièces.

C'est la coquetterie. Comme ces femmes, captives sous cette averse, qui prennent leurs souliers à talons hauts dans leurs mains et marchent dans la rue, de l'eau jusqu'aux mollets.

L'averse se disperse et le jour tombe. J'adore les jours de pluie à Port-au-Prince.

La plus belle nuit

« Veux-tu dormir ici, chez ce vieux couple de Bédouins, ou préfères-tu t'installer avec les touristes allemands plus loin là-bas ? »

La question vient de Aied, mon jeune guide qui a volé les cigarettes de sa mère avant qu'on parte à dos de chameau, dans la vallée désertique de Wadi Rum, en Jordanie.

Le vieux Bédouin m'offre du thé sucré dans un verre de gin. Sa femme rassemble les chèvres. Le soleil nous salue et s'enfonce dans le sable. Quelques regards, pas de paroles. On m'offre quelques coussins et des couvertures. Je me couche sous cette tente ouverte. Un chien jappe. Le chameau tire sur sa corde. Il fait noir. Je m'endors. C'est le silence. Le temps n'existe plus.

Je me réveille, ébloui par tant de clarté. Mes yeux sont trop petits pour admirer ce spectacle grandiose ! Le ciel est éclaboussé de milliers de petites lumières. Jamais je n'avais imaginé que la nuit pouvait contenir autant d'étoiles. J'essaie de les relier pour en faire des constellations. J'abandonne ; il y en a trop ! Je ne veux plus jamais dormir.

> *« Toujours ce besoin de me faire aimer, non pas pour ce que je suis, mais pour ce que je fais. »*
>
> — Extrait de mon journal de bord, Jérusalem, 18 octobre 1996.

Pousse un peu plus.

Je sais que je ne connais rien aux accouchements, mais j'ai la ferme conviction d'en avoir vécu 17 en six mois. Laissez-moi vous expliquer.

Tous les films commencent de la même façon ; c'est l'étape du *cruising*. On part à la drague aux sujets. Parfois, c'est le coup de foudre ! Mais la plupart du temps, il faut flirter à gauche et à droite avant d'oser le geste ultime, le glissement du doigt sur le déclencheur de la caméra pour y capter la rencontre entre le sujet et soi.

Ensuite, c'est la grossesse. Une grossesse précipitée parce que le temps file très vite. Une fois que le film occupe tout mon esprit, l'accouchement peut commencer : il faut écrire le texte, choisir la musique, faire le plan de montage... Le travail est douloureux. Le bébé prend forme. On veut qu'il soit beau et en santé. Une journée. Deux journées. Trois journées. Il arrive. Je suis exténué. À bout de souffle. J'accouche d'un film.

À peine sorti, je le poste à Denis, monteur et parrain légitime de tous nos reportages, qui s'occupera, à Montréal, de l'habiller, de le pomponner et de vous le montrer afin que vous l'adoptiez. Et moi, à l'autre bout de la planète, je suis crevé, vidé. Je me sens libéré, allégé et heureux. Prêt à m'envoler. Prêt à recommencer.

Vous croyez au hasard ?

Jérusalem : le Club Price des religions. Un gros entrepôt de pacotilles chrétiennes, musulmanes et juives. Dans l'allée des eaux bénites et des chapelets, une femme marchande dans un accent qui m'est familier. Je m'approche. J'échange quelques mots avec cette

Québécoise. Un homme s'approche de nous. Le temps de lui dire que je fais partie de la nouvelle gang de la Course, il me lance : « Mon gars aussi a fait la Course ! »

Ça parle au diable ! Dans la vieille ville de Jérusalem, j'ai rencontré le père de Mario Bonenfant, celui qui a marqué la Course autour du monde en 1982 !

Moments de lucidité

Ça m'est arrivé à quelques reprises. Une dizaine de fois pendant la Course. Jamais dans les mêmes circonstances. Jamais de façon préméditée. Mais toujours de façon aussi percutante, comme une claque en pleine face.

Au début, rien ne le laisse présager. Je marche avec en tête des idées de sujets de film, des rendez-vous à ne pas oublier, des téléphones à faire, et là, sans prévenir, bang ! Je m'arrête. Je regarde autour de moi. Un sourire explose sur mon visage. Dans ma tête, un moment de lucidité : « Hey ! Je suis à l'autre bout du monde ! Wow ! Je vis la Course ! » Intense moment de bonheur.

Beyrouth

Ça fait dix ans que je rêve de mettre les pieds à Beyrouth. La raison ? Elle a pour nom Nada. Une amie rencontrée grâce à une agence de correspondance internationale. Nada habitait à Beyrouth ou à la montagne, selon les bombardements. Dans ses lettres, elle m'a transmis sa passion pour son pays. Je n'ai pas hésité lorsque j'ai fait mon itinéraire : le Liban trônait en haut de mes choix. J'allais enfin pouvoir découvrir ce pays qu'elle aime tant. Sauf que pendant que j'y serai, elle, elle sera à Montréal, sa nouvelle ville d'adoption !

J'arrive à Beyrouth via Damas. Plus j'approche, plus j'ai peur. Peur d'être déçu. J'en ai trop rêvé et je crains que la réalité vienne briser cette image qui s'est formée dans ma tête depuis dix ans. Le taxi collectif continue d'avancer. Et là, tout d'un coup, Beyrouth vient me surprendre. Coup de foudre !

Étrange ville. D'énormes araignées tissent leur toile électrique de façon désordonnée. Partout, de colossales grues élèvent vers le ciel de nouveaux édifices. Entre ces chantiers de construction, des gruyères de maisons. Des trous, des cicatrices. Chaque bâtiment trahit le passé de cette ville-phœnix. Un véritable décor surréaliste.

La vraie surprise vient de la rue. Je ne m'attendais vraiment pas à ça. Pas après une guerre qui a duré si longtemps. Qu'y-a-t-il donc de si extraordinaire dans la rue ? La vie dans tout ce qu'elle a de plus normal ! Les terrasses, les enfants qui courent, des jeunes filles qui font du lèche-vitrine... Des hommes et des femmes fiers, droits, d'un chic méditerranéen. Comme si rien ne s'était passé. Beyrouth est une bombe de vie. Comme Nada.

Mot à Pierre Foglia

Salut Foglia !

Tes chroniques ont fait le tour du monde. Ou plutôt, *mon* tour du monde. Grâce à Lise, de l'équipe de la Course, j'ai pu lire tes chroniques référendaires. Si je ne les ai pas relues dix fois chacune, je ne les ai pas lues du tout ! Merci de m'avoir accompagné sans le savoir.

Référendum

Les quelques jours qui ont précédé le référendum sur l'indépendance du Québec, j'étais plongé dans les revues d'information internationale. Je m'en voulais d'être à Beyrouth alors que se jouait l'avenir de mon pays.

Avant de partir, on nous avait prévenus : « Pas de propagande politique dans la Course ! » Je me suis donc retenu. Ça a été difficile : les films de la Course ne sont pas des reportages objectifs dans lesquels on joue à être impartial. Au contraire. Pendant six mois, on nous demande de prendre position, de dire ce qu'on pense, de réagir sur tout et dans tous les pays qu'on visite... sauf dans son propre pays.

Je me suis retenu de dire à quel point je suis fier d'être Québécois. D'ailleurs, à tous les gens qui me demandaient d'où je venais, je leur disais « du Québec », sachant très bien que j'en avais ensuite pour une demi-heure de discussions de géographie, de politique. De rêves...

Avec le décalage horaire, je savais qu'en me réveillant au petit matin du 31 octobre, j'aurais le résultat. Je me suis endormi confiant. Au réveil, j'ai ouvert la télé. CNN m'a annoncé que j'étais *Canadian* pour encore un bout de temps... Mon rêve s'est fait bombarder.

J'étais à Beyrouth, ville maintes fois morte et ressuscitée — la plus belle preuve que tant qu'il y a de la vie, il y a de l'espoir. Sauf qu'en ce 31 octobre, j'aurais préféré qu'un obus me tombe sur la tête. Ça aurait fait moins mal.

Belle Afrique

Enfin, te revoilà ! Je me suis ennuyé. Terriblement ennuyé. Je te connais trop peu, mais c'est déjà l'amour fou. J'ai frôlé ta côte, il y a quatre ans. C'était court, mais combien bon. Tu m'as conquis à ce moment. Deux ans plus tard, je suis venu te surprendre avec mes valises. Tu ne te débarrasserais pas de moi aussi facilement ! Je me suis installé dans ton Togo. Neuf mois plus tard, je te quittais à nouveau, avec la certitude de te revoir bientôt.

Et cette année, j'ai parcouru le monde. À la recherche de cette émotion qui nous unit. Belle Afrique, avec toi, c'est unique. J'ai glissé dans ton Malawi, si calme, si doux. J'ai pénétré dans ton Kenya pour être sûr de ne jamais t'oublier. Et j'ai dormi au creux de ton Madagascar assez longtemps pour savoir que toi et moi, c'est pour la vie.

Belle Afrique, je t'aime!

Histoires de hyènes

Ce qui m'a poussé à aller au Malawi? En scrutant la mappemonde, j'ai découvert l'existence d'un petit pays coincé entre le Mozambique, la Zambie et la Tanzanie. Je me suis simplement dit : « Et pourquoi pas! »

Jamais vu un pays africain si calme, si silencieux. Avec cette impression que tout le monde chuchote de peur de réveiller la hyène endormie. Justement, les journaux relataient ces histoires de hyènes sortant des forêts pour venir enlever de jeunes enfants. Tout le monde était sur un pied d'alerte.

On m'a aussi raconté que lorsqu'un couple est incapable d'avoir des enfants, la responsabilité incombe à l'homme. Il n'y a que lui qui puisse être infécond. Il a donc le devoir de demander à un frère ou à un ami en qui il a entièrement confiance de venir coucher avec sa femme. Cette personne, c'est le «hyène». À l'abri des regards indiscrets, il s'infiltrera dans la case de la femme de son confident. Le fauve tiendra promesse : il ne sera que de passage et s'enfuira ensuite, laissant le couple dans l'attente de cet enfant qui n'arrivait pas.

Sur la route

Sur la route qui me mène de Lilongwe à Blantyre, au Malawi, Suzie Parenteau me dit : «Habituellement, il y a des enfants sur le bord qui vendent des brochettes de souris! » Mon cerveau hésite, mais mon estomac adore les découvertes culinaires. On a cherché ces vendeurs de brochettes... sans succès! Déçu? Oui! Mais j'ai quand même acheté un livre de recettes, *Malawi's Traditional and Modern Cooking*. Et devinez ce que j'ai trouvé à l'intérieur?

Nyama ya Mbewa (brochette de souris)

Les souris sont une source de protéines importantes et on les trouve dans tout le pays. Seuls les membres de la tribu Mbewa n'en mangent pas. Recette : nettoyer les souris, les faire bouillir dans une eau salée jusqu'à ce qu'elles soient tendres et les faire sécher au soleil.

Bon appétit!

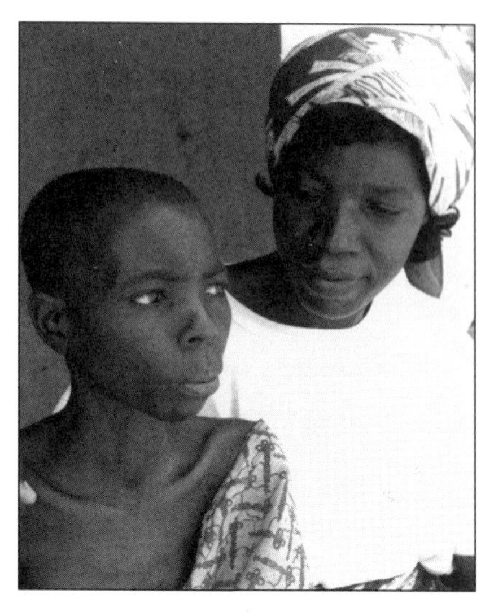

À propos de *Elle, ses souliers*

Marita, la femme aux souliers roses, m'a marqué. Tant de dévouement et de générosité en une personne, c'est renversant. J'ai fait ce film pour lui rendre un petit hommage. Pour vous présenter cette femme ordinaire qui fait des choses exceptionnelles.

Quelques semaines plus tard, ce film est diffusé. Je reçois les commentaires et les notes des juges : un beau film, un très bon pointage. J'aurais dû sauter de joie. Mais c'est le contraire qui s'est produit. J'étais triste. Triste de savoir que, malgré le bon film, elle, elle était toujours dans sa campagne au Malawi à distribuer prières et bons mots à toutes ces personnes atteintes du sida. Triste de ne pouvoir en faire plus. Triste et impuissant.

Dadaab

Si je vous dis « Kenya », à quoi pensez-vous immédiatement ? Aux safaris, n'est-ce pas ? Eh bien ne comptez pas sur moi pour vous en parler, parce que j'ai préféré prendre le chemin du désert que celui de la jungle. Celui des camps de réfugiés plutôt que des animaux en liberté.

L'avion de CARE-Kenya m'a déposé au milieu de nulle part. À l'est, à l'ouest, au sud, au nord... que du sable ! Et un soleil de plomb qui brûlait ce qu'il restait d'êtres vivants dans cette région aride : l'équipe de CARE et moi !

Les camps de réfugiés étaient à quelques kilomètres de là. Pour se rendre au camp de Dadaab à partir du quartier général, c'est le stress total. Je comprends vite qu'on ne se rend pas au camp comme on va au dépanneur. Oh non ! Sécurité oblige, il faut se faire accompagner de miliciens armés, prêts à tirer sur quiconque oserait attaquer le véhicule. Comme nous sommes prêts de la Somalie, il faut se méfier des bandits somaliens qui entrent au Kenya, bien décidés à voler les Jeep des organismes internationaux travaillant sur place.

Le « OK » arrive par l'entremise du walkie-talkie de la responsable de CARE. Le véhicule démarre et fonce à toute vitesse vers le camp. Les deux miliciens armés sont à mes côtés, prêts à tirer. Je m'accroche du mieux que je peux au rebord de la Jeep. Mon coccyx sert d'amortisseur... Ayoye ! J'ai l'impression d'être dans un pays en guerre.

Comme un roi

« Va chez mon père à Farafangana ! Il se fera un plaisir de te recevoir. »

L'invitation vient de Lanto (ne prononcez pas le « o »), un Malgache qui travaille dans la capitale de cette magnifique île de Madagascar, Antananarivo, « Tana » pour les intimes.

J'arrive chez le père de Lanto, mais il n'y est pas. Ses enfants m'invitent à entrer. On s'assoit. J'essaie de leur expliquer que c'est leur frère qui m'a invité à venir ici pour mon tournage. Mais comme je ne parle pas leur langue, je vois dans leurs yeux plus de questions que de réponses.

Heureusement, Serge arrive. C'est le beau-frère de Lanto. Il est prof de dessin technique dans un collège. Il m'accueille comme un frère. Quelques minutes plus tard, je fais partie de la famille !

C'est fou ce que les gestes ordinaires peuvent devenir extraordinaires quand on est ailleurs. Je voudrais vous parler de la maison qui sentait le vieux bois, ou du souper qui s'est terminé sur quelques pas de danse, ou encore de la douche que je prenais dans cette pièce aux allures de grenier de mon enfance. Je voudrais aussi vous parler de ces jeunes que j'ai vus courir vers la brousse, portant à bout de bras la dépouille d'un proche. Ou encore des 20 minutes passées à négocier le prix de ce gros fruit vert recouvert d'épines pour finalement l'obtenir à 25 sous de moins que le prix annoncé. Je voudrais tout simplement vous parler du quotidien dans ce qu'il a de plus beau et de plus pur. Mais ces moments de bonheur, il ne faut pas en parler. Il faut les vivre.

Gare aux gamins !

Je lui donne 12 ans. C'est pas la première fois que je le croise au Zuma, le grand marché d'Antananarivo. La foule est dense. Il se dirige vers moi — « De la monnaie s'il vous plaît, monsieur » — tout en approchant doucement son chapeau et, sournoisement, il tente de me voler mes verres fumés pendus à ma chemise ! Je découvre comment on s'y prend, ici, pour faire les poches aux gens.

Le lendemain, même scénario. Un gamin, le même ou un autre, approche son chapeau. Je le fixe dans les yeux et lui dis : « Je le connais ton truc, petit ! Va jouer ailleurs, sinon je vais faire un film sur toi ! »

C'est ça que j'aurais dû lui dire...

La belle histoire

Madagascar. Antananarivo. Hôtel Radama. Hôtel des amours d'occasion.

Ma chambre est minuscule. Heureusement, il y a une fenêtre. Et de la musique. En bas, sur la rue, des jeunes bien coiffés, bien accoutrés font la file pour un concert. Il fait beau. C'est dimanche sur tous les sourires.

Un plus jeune se faufile dans la foule. Ses shorts sales et son t-shirt déchiré le trahissent. Deux gros fiers-à-bras le coincent, le catapultent hors de la ligne et le sermonnent : « Va jouer ailleurs ! Pas d'argent, pas de concert ! » Le petit ne résiste pas. Il a quand même tenté sa chance.

Je descends sur la rue, j'achète un billet et m'approche du petit. « Tiens. » Et je remonte à ma chambre. Par la fenêtre, la musique est plus belle.

À propos de *Parad'île*

Cette histoire de petite fille qui me poursuit pour que je lui achète son sapin de Noël n'aurait jamais dû voir le jour. Je voulais éviter à tout prix le cliché du film sur la pauvreté en Afrique. Je me suis battu avec moi-même pendant trois bonnes journées avant de me décider d'en faire un film.

À la fin du tournage, j'ai demandé à Fragie ce qu'elle aimerait avoir comme cadeau. Elle rêvait d'une robe jaune. Alors si vous passez par Antananarivo, saluez Fragie pour moi. Elle n'est pas loin de l'hôtel Isuraka. Vous ne la manquerez pas : elle porte une robe jaune et elle a des lumières de Noël dans les yeux.

Le mot le plus long

Les mots de la langue malgache sont longs. Très longs. Prenez les noms de famille de mes amis : Mireille Norovoahangy, Serge Razakamiarinjatovo... D'ailleurs, je suis convaincu que si les Malgaches avaient inventé le Scrabble, la planche de jeu ferait un mètre par un mètre... en version de poche !

> *« La Course, est-ce comme je l'imaginais ? Dur à dire. Je ne l'ai jamais imaginée, j'en ai juste rêvé ! Et je n'ai pas encore réalisé que maintenant, je la vivais ! »*
>
> —Extrait de mon journal de bord, Lahore, Pakistan, 22 décembre 1995.

Grisaille

Lahore, au Pakistan, est la ville la plus grise que j'ai visitée. Le ciel est gris, le soleil aussi. Les hommes sont drapés de vêtements gris, beiges, bruns ou noirs. Les murs sont gris et les ânes aussi. Parfois, au détour d'une rue, il y a un étal de fruits ou une femme qui vient colorer cette ville. Heureusement.

« Je ne sais pas si je serai capable de regarder tous mes films. Ça m'a pris du temps avant d'être capable de me regarder dans un miroir. Et regarder ses films, c'est aussi se regarder... »
— Extrait de mon journal de bord, Lahore, Pakistan, 22 décembre 1995.

Joyeux Noël !
Le Père Noël a passé le 26 décembre à Karachi, au Pakistan. Faut croire que j'ai été sage, parce qu'il m'a laissé une énorme boîte remplie de lettres, de cartes, d'amour... J'ai plongé dedans tête première. Que c'était bon ! Merci ! Merci d'avoir pris le temps de m'écrire ! Merci d'avoir fait partie de ma Course ! Et merci à Julie, de l'école Jules-Verne, qui m'a envoyé beaucoup « d'ongles positifs » ! Je les ai bien reçus !

LETTRE D'UNE PROCHE

J'y avais rêvé. J'étais donc récompensée, car après quatre demandes, tu étais enfin en sélection. L'inquiétude de la finale, les rumeurs : faut-il être connu ou reconnu ? Enfin, c'est vrai, tu pars !

L'attente, les préparatifs, les questions. Que feras-tu ? Comment ? Le premier film... enfin ce dimanche arrive ! Les secondes se font lourdes, suffocantes. Savoir que tu écoutes l'émission depuis Haïti, c'est l'enfer ! Le vertige sera impitoyable !

La réalité... Accepter d'être loin et la confiance que tu en sortiras plus fort. L'attente de tes nouvelles se fera longue même si elles arrivent tôt ! La suite ? Le pire est passé. Non ! Mensonge ! Le vertige des notes me fera mal jusqu'à la fin. Jusqu'à haïr et à crier à l'injustice de cet invité qui te jugera trois fois. Souhaiter l'autre, car lui seul comprend, apprécie.

Les cadeaux, ils sont multiples : les souliers roses chaussant un ange ; plus que des images, une rencontre. Ce sapin de Noël : quelle belle idée, quel respect, quelle fraîcheur ! Dommage, certaines n'ont pas saisi... Des images d'un désert ou le reflet d'un mitige. Ces yeux de femmes, cette musique enchanteresse. Ces doigts cachés qui dénonçaient l'abus. Laurent, semblable à nous : espérons que tous arrivent à se libérer.

Cette ouverture sur le monde, à la fois si vaste et si fragile, un peu comme la mémoire. L'aventure du retour, ces instants, ces découvertes, ces regards, ces odeurs, ces sourires survivront-ils ? Imaginer ce retour, transformer ces souvenirs en ardeur. Pourquoi ne pas y croire ? Après tout, la Course, c'est un rêve réalisé !

Enfin, cette année, je pourrai écouter paisiblement la Course...

Monik Nantel

Chaque paradis cache son coin d'enfer.

Avant de partir, je jouissais déjà à l'idée de passer le Jour de l'An aux îles Maldives, un petit coin de paradis terrestre au sud de l'Inde.

L'avion se pose. Ça sent bon. Parfum de soleil et de vents marins. Je prends trois bonnes respirations. À la troisième, je m'étouffe. Un nuage d'eau de Cologne, d'antisudorifique et de poudre obstrue mes narines : les îles sont infestées de touristes. Impossible de me trouver un coin de paradis de l'aéroport, je dois prendre un bateau pour me rendre à Malé, la capitale. Sur place, je passe la soirée dans une agence de voyages. Le seul coin de paradis disponible coûte 400$ par jour ! Je n'ai pas le choix : pour ce soir, je dors à Malé dans une chambre pour quatre. Souris et insectes sans supplément.

Je ne suis pas le seul à ne pas avoir fait de réservation. Mickaël et Markus, deux routards suédois, l'apprennent eux aussi à leurs dépens. Le lendemain, on retourne à l'agence. En vain. Le surlendemain, l'agent nous confirme que toutes les îles touristiques sont pleines à craquer, mais que si ça nous intéresse, il connaît un endroit sur une île de pêcheurs.

Trois heures de bateau plus tard, on arrive. C'est génial ! La mer, le sable, le ciel, le vent... et pas de troupeau de touristes. On revient en ville, on fait nos bagages et tôt le lendemain matin, on est prêts à partir. Mickaël et Markus vont négocier la location d'un bateau pendant que moi, j'arrête à l'agence pour remercier le responsable de nous avoir dénicher cet endroit paradisiaque. Heureux, il me dit : « Parfait, vous pouvez partir demain. » Je lui souris en lui disant que le départ, c'est dans cinq minutes ! Il n'est plus aussi heureux : c'est qu'il ne peut pas me laisser partir sans une autorisation du ministère des Atolls...

Quelques instants plus tard, nous sommes dans le bateau. L'enfer commence ici : sur l'île, on nous demande la fameuse autorisation. « Oui ! Oui ! On l'a ! » Tout va bien, jusqu'à ce qu'on nous presse de la leur montrer ! Nous sommes de trop sur l'île. La ronde des négociations tourne en rond et le soleil se couche. Il fait noir ; on nous invite à prendre un bateau et à disparaître ! Je suis très mauvais menteur, mais comme je n'ai vraiment pas le goût de retourner à Malé... « Vous savez, je ne demande pas mieux que de quitter l'île, mais voyez-vous, je suis traumatisé depuis que j'ai perdu un proche parent en mer. Ça s'est passé en pleine nuit... »

Résultat : mon mensonge nous permet de passer la nuit sur l'île ! Toutefois, le lendemain matin, le bateau nous attend... On se rend donc à l'île voisine, une île touristique. Pas de place libre, mais je tente d'obtenir l'autorisation du ministère des Atolls pour retourner sur l'île des pêcheurs. Ça semble possible. J'envoie un fax... et j'attends en vain l'autorisation. Encore ici, on ne veut pas de nous. Le temps file, et je n'ai pas cet infernal petit papier qui me permettrait de me reposer deux jours ici. Rien à faire, on nous oblige à quitter l'île.

Sur le bateau, l'air marin me laisse un goût amer dans la bouche. Je me sens rejeté du paradis terrestre. J'ai les bleus. Surtout que dans quelques heures, ce sera le Nouvel An. Bye bye 1995 ! Une autre année à l'eau.

« Il y en a qui croient sans se poser de questions. Moi, je suis de ceux qui se posent des questions sans croire. »
— Extrait de mon journal de bord, Sylhet, Bangladesh, 17 janvier 1996.

L'islam nu

On m'avait prévenu : tu t'en vas dans la région musulmane la plus fervente de tout le Bangladesh. « Veux-tu quelque chose à boire ?, m'offre Rommel. Un thé ? Un jus ?

- Non ! Quelque chose de plus fort ! Du rhum, du gin... »

Je pensais que l'alcool était interdit chez les musulmans.

Il prend son trousseau de clés, s'approche de sa commode et déverrouille la serrure. À l'intérieur, quelques bouteilles d'alcool et sur la porte, la photo d'une femme nue, une femme voilée... mais sans aucun voile !

À croire que pour chaque religion, il y a une commode remplie de secrets. Suffit d'en trouver la clé.

À propos de *Un autre regard*

Je m'étais promis de faire un film sans paroles. Pas par paresse, mais par défi. Le défi de laisser parler les images. J'ai atterri à Sylhet sans avoir de sujet en tête, dans le nord-est du Bangladesh, chez Rommel, un contact que m'avait déniché ma « fiancée de Course », Annie-Pénélope.

De bouche à oreille, on arrive chez madame Moobi Sharme. Elle chante, paraît-il. Elle me montre un papier qui confirme qu'elle a déjà chanté sur les ondes de la radio d'État. Je n'ai pas encore entendu sa voix, mais je sais que peu importe ce qui sortira de sa bouche, je devrai m'en accommoder, parce que je dois prendre l'avion demain.

On s'installe. Je place ma caméra. J'ajuste mon micro. Elle ouvre la bouche... j'en ai des frissons ! Je ne comprends pas les paroles, mais je sens l'émotion. Il y a de la tragédie et de l'amour dans sa voix.

« Mais de quoi parle votre chanson ?

- C'est une mère qui parle à son fils qui s'en va à la guerre. Elle ne veut pas le laisser partir, elle a peur de le perdre. »

Grand-Pa

Salut !

Quand je suis revenu de la Course, je ne t'ai rien dit. Par pudeur, sûrement. Je ne t'ai pas parlé de ce film que j'ai fait, en pensant à toi, aux îles Maldives. J'y parlais de la mer. En fait, j'employais le mot « mer » pour éviter d'utiliser le mot « mort ».

« Face à la mer, veille un idiot
Il a quitté son île, mais il y retournera sous peu
Et il sait qu'à son retour
La mer lui aura peut-être arraché quelques parcelles de sa terre. »

— Extrait de *Il se noie.*

Cette parcelle de terre, c'était toi. L'idiot, tu l'auras deviné, c'est moi. Idiot de ne pas avoir osé te parler de ce rêve que j'ai fait quelques semaines plus tard, alors que j'étais sur l'île de Bornéo. Les images de ce rêve ont disparu, mais restent les mots de mon journal personnel :

« 24 janvier. Batu Niah. J'ai rêvé que Grand-Pa m'attendait pour partir. Et qu'il me demandait de ne pas le retenir inutilement. »

Je n'ai rien écrit du reste de mon voyage.

Ensuite, aux Philippines, j'ai éclaté. Des kilomètres de marche dans les montagnes m'ont mené tout près de ce cours d'eau où j'ai dormi à la belle étoile. Avec en tête le retour à Montréal qui approchait de plus en plus. Avec ce désir que tu ne m'aies pas attendu, convaincu que c'était mieux pour nous deux que tu en aies profité pour partir pendant que j'étais loin. Et ce soir-là, je t'ai pleuré toute la nuit. Couché sur les cendres du volcan Pinatubo, je t'ai supplié de ne pas m'attendre : « Va-t-en ! »

Mais tu m'as attendu. Tu m'as suivi jusqu'au bout. Tu étais là à mon retour ; tu étais même là au gala de la Course. J'étais à l'arrière-scène devant un moniteur de télévision et je t'ai vu — c'était à mon tour de te voir au petit écran.

Tu étais beau. Mais à ce moment, je ne savais pas que c'était aussi la dernière fois que je te voyais. Peu de temps après, tu es parti et je n'ai pas cherché à te retenir. Comme dans mon rêve. Je t'ai laissé mettre le pied à l'eau. Tu as glissé dans l'au-delà. Mais ne t'en fais

pas. Un jour, j'irai te rejoindre dans l'eau de la mer.
Bon voyage Grand-Pa !

La nausée

J'ai croisé son regard. Dans les rues de Manille, je sentais qu'il me suivait des yeux. Je continuais de marcher d'un pas décidé ; c'est ce qu'on nous avait enseigné lors d'un cours d'autodéfense suivi dans le cadre de nos préparatifs de Course. Je me souvenais exactement de ce que je devais faire en cas d'attaque : crier, lui enfoncer mes pouces dans les yeux, le frapper au visage, lui donner un bon coup de pied entre les jambes et fracasser sa tête sur mon genou.

Il me regarde toujours. Je continue d'avancer en le fixant. Il se lève et s'approche de moi. Je suis sur un pied d'alerte, prêt à lui sauter dessus. Qu'il ose lever le petit doigt ! Il me rejoint et me dit : « J'ai de jeunes filles, de très jeunes filles si tu veux t'amuser un peu (...) À quel hôtel es-tu ? »

Il me prend par surprise ; je ne sais pas quoi faire. On n'avait pas prévu ça dans le cours d'autodéfense... J'ai mal au cœur. La nausée. Un arrière-goût de violence. Un sentiment d'impuissance et cette envie de le frapper, de sauter sur l'arme du prochain garde de sécurité que je croise et de débarrasser l'humanité de cette rapace qui tue des enfances.

Faudrait pas que j'en croise un autre sur mon chemin... Je ne sais pas si je pourrais encore une fois retenir ma nausée.

La lumière au bout de la grotte

La Course achève. Je suis en Malaysia, sur l'île de Bornéo. Dans un autobus, en Jordanie, j'avais rencontré un couple de Malais qui m'avaient parlé des plus beaux coins de leur pays. J'ai craqué pour les grottes de Batu Niah.

Je descends de la chaloupe motorisée. Il y a un petit quai. Je monte les quelques marches et je commence ma randonnée à travers cette forêt humide. J'ai chaud, je pisse de partout ; bref, je suis heureux !

Quelques kilomètres plus loin, la fameuse grotte se dresse devant moi. L'entrée est immense. Les oiseaux à l'intérieur font un vacarme monstre. À moins que ce ne soit les chauve-souris. J'avance. J'aperçois quelques hommes assis à une table, éclairés par une lanterne. Ce sont sûrement ceux qui, au risque de leur vie, montent sur ces énormes charpentes pour aller décoller du haut des grottes ces *birds' nests* (nids d'oiseaux) qui font le délice des Chinois. Ces nids sont construits à même les sécrétions de ces oiseaux. On en fait des soupes... qui coûtent une fortune ! À moins qu'ils soient là pour ramasser le guano, ces excréments d'oiseaux utilisés comme engrais.

J'avance. Il fait de plus en plus noir. Ma petite lampe de poche éclaire à peine le bout de mes orteils. Je ne vois pas où je m'en vais. Le même feeling que j'ai eu en passant la barrière à Dorval, quelques mois auparavant. Ce désir d'avancer, d'aller vers l'inconnu, mêlé à cette peur de manquer le pas, de tomber.

J'avance. Je sue toujours autant. Je n'ai pas assez d'eau pour étancher ma soif. Je déguste chaque goutte.

J'avance. Devant, derrière, c'est le noir total. La peur m'envahit. Je pense revenir en arrière. L'idée d'abandonner ne m'excite guère, mais je ne sais pas si je pourrai réussir à me rendre jusqu'à la fin. J'ai les jambes molles. Mon sac à dos est de plus en plus lourd. Je décide de continuer.

J'avance encore. J'avance toujours. Je n'ai rien d'autre à faire que de penser. Penser à cette Course, cette grande grotte dans laquelle je me suis enfoncé. Six mois à me sentir en vie, à tuer la routine, à me dire que si c'est un rêve, faudrait pas qu'il se termine. Et pendant tout ce temps, voir toutes mes barrières tomber, perdre mes points de repères pour me rendre compte que la vérité est un mot qui ne s'utilise pas au singulier, mais bien au pluriel.

J'avance. Le rythme est plus lent. Il fait toujours aussi noir. Faut pas lâcher.

Je continue d'avancer. Ça y est, une lueur vient percuter mes yeux. Il y a de la lumière au bout de la grotte. Je souris et j'avance.

Ça y est presque. J'entrevois les feuilles d'arbres qui transpirent autant que moi. Elles pleurent de joie de me voir. J'ai réussi. J'ai traversé cette grotte. La lumière du jour est belle. Je la pénètre.

J'avance. Des voix surprennent mon oreille. Ils sont trois Malais à avoir traversé la grotte avant moi. Un de ceux-là me dit : « Désolé de t'apprendre que le chemin est bloqué de ce côté. On ne peut plus avancer. Il faut revenir sur nos pas et retraverser la grotte ! »

•

La Course n'aura pas été une parenthèse dans ma vie, mais un chapitre Un chapitre qu'il m'est difficile de clore Aujourd'hui, je me sens incapable de faire le point sur ce qui vient à peine de m'arriver Et encore moins capable de mettre un point à cette folle aventure Sur mon clavier d'ordinateur, j'ai arraché le point, ce signe de ponctuation maudit Je ne m'en servirai plus jamais Si un jour je décide de m'en servir, ça sera pour en enfiler trois d'un coup Parce qu'avec trois points, les mots s'arrêtent, mais la vie continue...

Je suis heureux Et je ne veux plus jamais m'endormir Il y a trop d'étoiles dans le ciel que je ne connais pas Trop de constellations à assembler...

« Il reste moi qui volais
Qui respirais dans l'eau
Libre à mourir de rire »
—Daniel Bélanger

« Et maintenant monsieur,
tu l'achètes mon sapin de Noël ? »

MYTHE N° 1 : PENDANT LA COURSE, ON N'A PAS LE TEMPS DE FAIRE AUTRE CHOSE QUE DES FILMS.

Pantoute! Si, parfois, on a l'air si exténué à la télé, ce n'est sûrement pas d'avoir passé des nuits blanches sur nos plans de montage ! Bien sûr que non ! D'ailleurs, la tentation est trop grande de ne pas aller flotter dans la mer Morte ou encore de chanter *We are the world* dans un bar karaoke de Manille. Sans compter les heures passées chez tous les disquaires de la planète à la recherche de nouveaux sons. Et là, je ne vous parle pas de plongée aux îles Maldives ou de visites de grottes sur l'île de Bornéo ! Et s'il reste du temps, pourquoi ne pas en profiter pour penser au prochain film... attendu dans trois jours à Montréal !

JEAN-FRANÇOIS COULOMBE

« J'prenais l'avion comme
un taxi. C'que vivais,
j'l'avais en d'dans d'moi. »

— Claude Dubois

Itinéraire

12 août	Dorval-Vancouver	avion
13 août	Seattle-Anchorage	avion
14 août	Anchorage-Kodiak-Old Harbour	avion
20 août	Old Harbour-Kodiak-Anchorage-Seattle	avion
1er septembre	Vancouver-Singapore	avion
3 septembre	Singapore-Bangkok-Vientiane	avion
12 septembre	Vientiane-Luang Prabang	avion *
16-17 septembre	Oudomsay-Luang Prabang-Vientiane	avion *
18 septembre	Vientiane-Bangkok-Penang	avion *
22 septembre	Penang-Medan	bateau
1er octobre	Padang-Djakarta	avion *
7-8 octobre	Djakarta-Singapore	avion * bateau
12 octobre	Singapore-Madras	avion
13-28 octobre	Madras-Salem-Bombay	train
2 novembre	Bombay-Amsterdam-Belfast	avion
11 novembre	Belfast-Amsterdam-Paris	avion
13 novembre	Paris-Libreville	avion
14 décembre	Libreville-Paris	avion
15 décembre	Paris-Bastia	avion *
24 décembre	Ajaccio-Paris-Pau	avion *
2 janvier	Pau-Madrid	train
6 janvier	Madrid-Guatemala City	avion
16-19 janvier	Guatemala City-Cantabal-Guatemala City	avion *
24 janvier	Guatemala City-San Salvador	autobus
2 février	San Salvador-La Ceiba	autobus
7 février	La Ceiba-Brus Laguna	avion *
12 février	La Ceiba-Tegucigalpa	avion *
14 février	Tegucigalpa-Miami-Dorval	avion

* Désigne des billets achetés en cours de route. J'avais prévu faire plus de surface (pour éviter l'avion), mais la Course ne l'entendait pas ainsi.

EFFET MER

Schlack !

Le couperet vient de tomber. Parmi 15 finalistes, les huit concurrents de la Course destination monde 1995-1996 viennent d'être désignés, mais actuellement, ceux qu'on entend le plus, ce sont les sept autres dont le rêve vient d'être brisé. Enfoncé dans un siège de l'auditorium, encore sous le choc, je suis plutôt du genre silencieux. « Septième : 71,8 %, Jean-François Coulombe », a annoncé Pierre Therrien quelques minutes auparavant. Je pars.

Tout au long de ma Course, dans les moments difficiles, il me suffira de revivre en pensée ces quelques secondes durant lesquelles mon existence a chaviré pour me sentir de nouveau gonflé à bloc.

Pour l'instant, toutefois, je reste là, bouche bée, incrédule. Devant, debout, tous ces gens reliés à la Course de près ou de loin, dont un caméraman qui rapproche sa perche afin de mieux capter les pleurs qui émanent d'un peu partout. Un voyeurisme douteux qui a pour effet de me ramener à la réalité. « Tu pourrais peut-être leur demander de pleurer plus fort un coup parti, connard. » Mais comme c'est le cas pour mes émotions, je garde cette réflexion pour moi. Je devrai m'y faire de toute façon : à partir de maintenant, je suis une personnalité médiatique, pour la prochaine année du moins. Séances de photos, entrevues, conférence de presse, lancement d'une ligne de vêtements à l'effigie de la Course, autographes (? ! ?). « Un instant. Moi je rêvais de faire la Course parce que j'aime être derrière une caméra, pas devant. »

Ce mois et demi d'adulation aura eu au moins un effet bénéfique. Je n'ai plus peur de partir, simplement très hâte. C'est dans cet état d'esprit que le 12 août, à 4 h du matin, terminant de paqueter mes bagages après une dernière soirée avec la « gang », je déclare à ma mère : « Je suis prêt », et décolle vers Vancouver quelques heures plus tard.

Retour aux sources

Premier vol plutôt tranquille. Je suis tellement fatigué que pour la première fois de ma vie, je dors en avion. « Comment, serais-je déjà guéri de ma phobie ? » La suite devait me prouver que non.

Il faut dire que je ne me trouve pas à bord d'un avion à *clutch* russe en partance pour une quelconque brousse exotique, mais bien sur les ailes d'Air Canada, en direction d'un terrain connu : des amis à Seattle. « Salut Richard ! Salut Madeleine ! » Les pauvres... Ils deviennent les premiers à constater le caractère éphémère de la Course. Ils ne finissent pas de me dire à quel point ils sont heureux de me revoir que je leur annonce mon départ pour l'Alaska le lendemain soir.

Je suis de retour une semaine plus tard après avoir réalisé un premier film sans histoire qui ne passera pas à l'histoire. Les dix jours que je passe par la suite à Seattle me permettent à moi aussi de réaliser le dur côté éphémère de cette folle aventure. L'aventure en question s'appelle Jennifer. J'ai eu la chance et la malchance de la rencontrer trois jours avant mon départ. La chance, parce que les plans de montage de mes deux premiers films étant terminés, j'ai pu me consacrer trois jours durant à l'approfondissement de cette belle rencontre. La malchance, parce que je suis trop sensible pour ce genre de rencontre.

C'est donc le cœur gros que je rentre à Vancouver avec en poche un mince espoir, celui de nous retrouver en Amérique centrale à la fin de mon périple. Je sais, le règlement l'interdit, mais entre nous... (De toute façon, ça devait ne jamais se produire).

En poche aussi, la clé de sa camionnette que j'ai oublié de lui rendre. Vite, saisir cette occasion de lui téléphoner. « *I miss you already.* » Et de lui écrire un mot accompagnant la clé. « *Dear, sweet, tender, beautiful, lovely Jennifer.* » Je suis décidément trop sensible pour ce genre d'éphémérité. Toutefois, la Course allait me « guérir ».

Au fil des rencontres

Mon véritable départ, c'est en ce premier septembre qu'il s'effectue. Jusque-là, j'ai été en transit, en quelque sorte, entouré de gens que je connais, question d'amortir le choc (culturel ?). Mais là, ça y est. Dans 24 heures, je serai à Singapour et le surlendemain, au Laos. Prêt, pas prêt, j'y vais !

Les sauts vers l'inconnu sont généralement accompagnés d'heureux hasards. « Pardon monsieur, vous ne voudriez pas changer de place avec moi, je souffre de maux de dos et comme le siège voisin du vôtre est libre, je pourrais en profiter pour m'étendre. » C'est un Sikh d'une cinquantaine d'années, je suis jeune et en santé. « Bien sûr, pas de problème. »

Cérémonie traditionnelle de guérison batak, jouée pour les touristes. **Île de Sumatra (Indonésie)**, *Jean-François Coulombe*

Marché gabonnais, au Cap, en banlieue de Libreville, où on trouve de tout pour tous les goûts.
Gabon, *Jean-François Coulombe*

Blanchisseurs sur une des rives d'Allepey.
État du Kerela (Inde), *Jean-François Coulombe*

Bangladesh, *Marie-Noëlle Swiderski*

Silence jordanien... le temps d'un passage.
Jordanie, *Manon Dauphinais*

Palais Moghol. **Bangladesh**, *Marie-Noëlle Swiderski*

Mongolie, *Linda Lamarche*

San Cristobal, Chiapas (Mexique),
Linda Lamarche

Sieste entre deux clients.
Scène typique, rue de Hanoi.
Viêtnam, *Natalie Martin*

La « main » de Pakhaolam, village Karen au nord de Chang Mai. **Thaïlande**, *Natalie Martin*

La crème des barbiers.
New Delhi (Inde), *Stéphane Lapointe*

Célébration traditionnelle
« Cabezas y Prestes » à Tiwanacu, en Bolivie.
Bolivie, *Patrick Brunette*

La mer Morte arrache le regard à la Jordanie pour le porter en Israël.
Jordanie, *Manon Dauphinais*

Le marché, sept jours sur sept, rue de Hanoi.
Viêtnam, *Natalie Martin*

Tapis volant au repos.
Beyrouth (Liban), *Patrick Brunette*

Vallée de la Hunza. **Pakistan,** *Linda Lamarche*

Paysage typique d'une des beautés désolantes de la Corse en décembre.
Corse, *Jean-François Coulombe*

Fille d'honneur rencontrée au hasard d'une balade dans la campagne salvadorienne.
Salvador, *Jean-François Coulombe*

Ma nouvelle voisine est une jeune et jolie Asiatique. Mais sur un vol en partance de Hongcouver, c'est toujours un peu embêtant. Est-elle « Canadienne » ou « Asiatique » ? Elle était Chinoise et vivait en Malaysia. Et comme 17 heures, c'est plus qu'il n'en faut pour faire connaissance, je débarque à Singapour muni d'une adresse :

Mei Ling
12, Lrg Kledang U3
Taman Gamelan
31 450 Ipoh Perak
Malaysia

« Si jamais tu passes par là, tu peux toujours venir habiter chez moi. » Ma bonne étoile me suit. À nous deux, Asie.

La Malaysia se trouve entre le Laos et l'Indonésie, deux de mes destinations. Je décide donc de m'y arrêter pendant quatre jours, question de faire le plan de montage de mon deuxième film au Laos et de me reposer de cet éreintant tournage.

En fait, le tournage comme tel a été plutôt banal. J'ai assisté à une réunion entre un organisme de coopération français et les chefs d'un des villages les plus pauvres d'un des pays les plus pauvres de la planète. Évidemment, la délégation avait autre chose que du bavardage au programme, mais, lenteur bureaucratique oblige, rien de cela s'est produit.

Avoir su, je me serais peut-être épargné l'heure de vol entre Vientiane (la capitale) et Luang Prabang (au nord) sur les ailes de Lao Aviation. « Mais qu'est-ce que cette fumée qui sort du plafond ?

- T'en fais pas, c'est le système d'aération.

- ... ? ! ?... »

Ensuite, les six heures à bord d'une longue pirogue à moteur où l'on est très bien assis à condition de mesurer moins de cinq pieds. Les quatre heures dans une boîte de camionnette à destination de Oudomsay (encore plus au nord), sur une route jonchée de nids d'autruches. Enfin, les huit heures de marche en brousse pour atteindre le village.

Ce périple m'aura par contre permis de constater de belles contradictions. Au Laos, on ne mise pas sur le spectacle de la pauvreté pour convaincre les coopérants des besoins de sa région. On organise plutôt un grand festin, appelé Baci, au cours duquel toutes les personnes présentes nouent une ficelle à chacun des poignets des invités en priant pour leur bonne santé, tout en leur versant à profusion un alcool de riz puissant. Une cérémonie traditionnelle qui, en plus de rendre lesdits coopérants titubants, bouffe beaucoup de précieux temps. Contradictoire, je vous dis.

Mise à côté, la Malaysia est nettement plus « civilisée ». Surtout sur sa côte ouest, peuplée majoritairement de Chinois qui n'ont qu'un objectif en tête : devenir Singapour. Les centres commerciaux poussent comme des champignons et, par le fait même, les affreuses banlieues comme celle qu'habite Mei Ling. Méchant contraste avec le Laos, qui dispose d'un parc automobile de 4 000 voitures et de trois entreprises : l'une produit de l'eau en bouteille, une autre, de la bière, et la troisième produit du Pepsi. Mais comme je le dis dans *Lettre du Laos* (mon premier film réalisé en ce pays) : « Le Laos est un pays hors du temps. »

C'est donc encore sous le choc culturel que je sonne chez Mei Ling, un bouquet à la main, résultat d'un autre choc : Mlle Joy. J'avais engagé cette dernière comme interprète pour le tournage d'un film tombé à l'eau. Elle vivait avec son oncle, un Français de 70 ans qui m'a raconté le Laos des années 40 (pas si différent de celui que j'ai découvert par ailleurs). Joy était pratiquement du même âge que moi, mais là s'arrête toute comparaison. Elle avait gardé de son père ses traits japonais (nez plat et yeux bridés, ce qui n'était pas sans la complexer), mais disposait par contre de la taille de guêpe des Laotiennes. Joy est la deuxième Asiatique pour qui j'ai éprouvé de l'attirance (après Mei Ling). Mais elle avait aussi de laotien le respect d'une tradition qui dit : « Pas touche avant le mariage. » Encore un peu de temps et je l'aurais reçue, je crois, cette demande en mariage.

J'ai quitté Seattle le cœur gros ; j'ai brisé celui de Joy en quittant le Laos. Je me revois encore souriant, gêné, à la réceptionniste de mon *guest house* (qui, Dieu merci, ne comprenait pas le français), en écoutant la voix de Joy sur l'intercom du téléphone : « Je vous aime, je pense tout le temps à vous !

- ...

- Je peux vous accompagner à l'aéroport ?

- ... Euh... »

Le salaire moyen au Laos est d'un dollar par jour. Le bouquet de fleurs qu'elle m'a offert doit en valoir le double. « Merci Joy, ça me touche beaucoup. » (Mais où vais-je mettre ça ?)

Je n'ai toujours pas réglé la question lorsque Mei Ling ouvre la porte : « Des fleurs pour moi ? Comme c'est gentil ! » Désolé Joy, c'était la seule chose à faire dans les circonstances.

La tradition chinoise veut qu'après le mariage, la femme aille vivre chez les parents de son mari. Mei Ling étant passablement occidentalisée, elle a convenu d'un compromis. Elle vit avec son mari, dans la rue voisine de sa belle-mère et ils dînent tous les soirs chez elle. Pour ma part, puisque je travaille à la maison toute la journée, je dois me rendre chez la belle-mère tous les midis, à heure fixe, ce qui est plutôt embêtant lorsque je suis plongé dans mon plan de montage. J'ai fait fi de la consigne le premier jour ; le téléphone n'a pas tardé à sonner. C'était Eric, le mari de Mei Ling : « Qu'est-ce que tu fais ? On t'attend pour commencer à manger. » On ne lésine pas avec les traditions. Par ailleurs, la belle-mère en question est une cuisinière hors pair, ce qui rend le compromis acceptable.

La vie à Ipoh est on ne peut plus simple. Tous les matins, Mei Ling laisse mon petit déjeuner (américain) dans le micro-ondes et toutes les soirées, nous les passons en famille à regarder des films (américains) censurés (la Malaysia est un État musulman), un peu comme dans *Cinema Paradiso*. J'apprécie par ailleurs cette chance de m'immiscer dans le quotidien de ces gens qu'on dit si fermés.

Il existe trois catégories de gens qui vous hébergent en voyage : ceux qui vous invitent par politesse, ceux qui attendent des choses en retour et ceux qui vous l'offrent parce que ça les rend heureux. Mei Ling fait sûrement partie de la dernière catégorie. Elle sera d'ailleurs celle qui m'écrira le plus souvent durant la Course. De brèves missives, régulières, simples et amicales. Une belle rencontre qui m'a permis de faire le plein avant ma prochaine étape : l'île de Sumatra, en Indonésie. Merci, Mei Ling.

Diarrhée...

On m'a beaucoup parlé des Toba Batak, ce peuple guerrier vivant sur une île au milieu de l'immense lac Toba, au nord de Sumatra. Il existe même une place sur l'île, toute de pierres vêtue, où étaient jugés et décapités les moins valeureux guerriers. Un bon sujet de film. « Quoi ? Cette place n'est qu'un attrape-touristes ? Elle n'existait pas à l'époque ? » J'en suis quitte pour me trouver un autre sujet. Mais c'était sans compter sur un autre « attrape-touristes » qui a pour effet de me mettre k.-o. : la diarrhée. Mon séjour à Sumatra se résume donc à un *stop and go* continuel entre mon lit et la toilette.

Un espoir à l'horizon, toutefois. Avant de partir, mon chum François m'a refilé les coordonnées d'un groupe de recherche scientifique qui travaille sur la culture de la crevette, sur l'île de Java, toujours en Indonésie. Un sujet de film qui me permettrait de recouper quelques prix. Envoyer un fax n'étant pas une activité nécessitant une masse d'énergie, je continue ma lutte contre la diarrhée en attendant une réponse au fax envoyé.

« Venez nous voir. Il nous fera grand plaisir de vous recevoir. » Le fax provient du directeur du projet de recherche, installé à l'Université de Bogor (au nord de Java, tout près de la capitale, Djakarta). Je décide donc de m'y rendre, non sans avoir réussi à me mettre quelque chose sous la dent pour la première fois en 48 heures.

Rendu à Bogor, je loge sur le campus de l'université pendant que le directeur du projet coordonne mon voyage vers le sud de l'île, où se fait la culture en question. Mais résider sur le campus de cette université musulmane n'a rien de comparable avec les résidences d'un campus universitaire nord-américain. Pas d'alcool, pas de tabac et ce sont les prières, chantées par mon voisin à 5 h du matin, qui me servent de réveille-matin.

Le logement est beaucoup plus adéquat sur le site du projet. On me prête la maison du superviseur, absent pour l'occasion, et je partage la vie des travailleurs qui logent sur place. Les échanges de ping-pong sont nombreux, mais je ne peux en dire autant des échanges verbaux. Seulement deux personnes parlent un anglais approximatif, ce qui rend difficile la compréhension de ce projet scientifique. Enfin, j'espère vous avoir appris quelque chose...

... et autres indigestions

« Les juges ont trouvé que ton film manquait d'émotions. » La voix de Monique, réalisatrice de la Course, sonne « extra-terrestre » dans ma petite chambre du YMCA de Bombay. « Crisse, j'peux quand même pas faire brailler le monde avec des crevettes. » Vous en voulez de l'émotion ? Ça tombe bien, j'en ai à revendre.

Jusqu'à maintenant, mon séjour en Inde a été infernal. D'abord, une semaine passée dans un noviciat, où je m'étais rendu pour réaliser un film sur l'impact du Frère André au sein de cette communauté. Une semaine programmée comme une horloge au cours de laquelle mes valeurs ont été particulièrement confrontées. « Vais-je les insulter si je ne me signe pas de la croix avant de passer à table ? » Après les chants islamiques qui me réveillaient en Indonésie, voici que la lecture de la Bible m'a servi de veilleuse, tous les soirs, à heure précise.

S'ensuivit une semaine à Bangalore, où je voulais faire un film sur le Deepawali, une fête hindoue très importante. Tout a bien commencé, j'ai trouvé une famille qui a accepté que je passe la journée avec elle. Je me suis donc pointé à 5 h pour filmer la prière du matin et je les ai ensuite accompagnés au temple. « C'est en soirée que le gros de la fête se produit. Il y a plein de feux d'artifice, tu vas voir, c'est fantastique », m'avait averti le père. J'ai donc patienté jusqu'à l'événement annoncé. J'avais déjà le film en tête. J'utiliserais les feux comme toile de fond avec, en surimpression, les images tournées pendant la journée.

Toutefois, il se trouve que nous n'avions pas la même définition d'un feu d'artifice. Ce que j'ai vu là-bas, on aurait appelé ça des pétards à mèche chez nous. Le clou de la soirée a été atteint quand un voisin a fait éclater pour 60 $ de pétards d'un seul coup. Un gros pétard mouillé, quoi !

Plus qu'une semaine en Inde et une commande de deux films à réaliser pour respecter mon échéancier. J'avais entendu parler d'un endroit dans l'État du Kerala baptisé « La Venise de l'Inde », en raison des multiples canaux qui s'avancent vers la mer et au bord desquels les gens vivent paisiblement. « Un endroit paradisiaque. Ce que j'ai vu de plus beau en Inde jusqu'à présent », m'avait juré un prêtre québécois installé en Inde depuis 33 ans.

Il n'avait pas tort. Après une nuit de train et maintes obstinations (« Non, je ne veux rien savoir de vos bateaux de croisière, je désire simplement louer une pirogue « avec chauffeur » pour la journée »), je me suis finalement retrouvé dans les bras de mer d'Alleppey. Enfin, décompresser. Enfin un sujet de film qui répondait à mes attentes. Filme, filme, pagaie, pagaie, la fin de l'après-midi n'était pas arrivée que j'avais déjà toutes mes images. Plus que la présentation à mettre au point. Plouf ! Le trépied que j'avais tenté de stabiliser dans la pirogue a plongé au fond de la rivière avec, installée confortablement dessus, ma caméra.

Il fallait voir mon chauffeur nous précipiter au bord de la rive et tous les pêcheurs avoisinants plonger à la recherche de ma caméra, filet à la main. Au bout d'une demi-heure, un grand cri de joie s'est élevé. Ils l'avaient repêchée. Je les contemplais du rivage, ému par tant de dévouement. « Rupees ! » « - Pardon ? »

J'ai vite compris leur promptitude à voler à mon secours. Ils s'imaginaient avoir « sauvé » ma caméra et se sentaient donc en bon droit de me réclamer 50 $, soit le double de ce que m'avaient coûté la pirogue et le chauffeur pour la journée. J'ai eu beau leur expliquer que l'imperméabilité n'était pas une caractéristique de cette caméra, rien n'y fit. J'ai donc réglé pour la moitié. Ça m'a au moins permis de récupérer ma cassette que j'ai tout de même pris la peine d'envoyer à Montréal. On ne sait jamais...

« J'ai une bonne nouvelle toutefois, ta cassette est utilisable. Même que tes images sont très bonnes si on considère qu'elles ont passé une demi-heure au fond d'une rivière », m'annonce Monique, triomphante au bout du fil. C'est effectivement une bonne nouvelle. Je peux maintenant y aller du commentaire qui me trotte en tête depuis quelques jours. J'ai souvent pensé à mon père dernièrement, au fait que je ne le connais pas beaucoup. Il me revient un air qu'il avait coutume de me fredonner quand j'étais petit. Je m'installe à ma table de travail, j'écris, je chante. Vous vouliez mes tripes, les voilà !

J'ignore si ce film, *Voir Alleppey et mourir*, a eu les répercussions souhaitées (surtout auprès de mon père), mais plusieurs personnes me diront qu'il leur a donné envie de découvrir l'Inde. Au moins ça de pris.

La moitié de ma commande (de deux films) est remplie en cette soirée référendaire pour le Québec. Je téléphone à ma mère. « Si on gagne, appelle-moi. » Avec le décalage horaire, les résultats seront connus à 8 h 30 le lendemain matin, heure de Bombay.

La sonnerie du téléphone me réveille. Je bondis. « Ça y est, on a un pays ! » Je me précipite sur le combiné. Ce n'est pas ma mère, mais plutôt un contact que je tente de joindre depuis deux jours pour louer une caméra. Désespoir. Pendant un instant, j'y ai cru. Enfin, revenons à nos moutons. Il me reste trois jours avant de partir pour l'Irlande du Nord et j'ai encore un film à faire. « Vous exigez un dépôt de combien pour la location d'une caméra ?

- Pas besoin de dépôt, quelqu'un t'accompagnera.

- ?!? »

Ils sont deux à se présenter le lendemain avec une valise scellée. Ils sont là pour surveiller la caméra, mais aussi pour veiller à ce que mon tournage se fasse selon les règles. « Tu ne peux pas filmer dans les endroits publics de Bombay sans le consentement des autorités municipales. » Je leur explique qu'en contexte de Course, il m'est impossible de négocier avec la lourdeur du système bureaucratique indien. Ils comprennent. Nous arpentons donc la ville en taxi, duquel je débarque ici et là pour filmer quelques plans à la hâte pendant qu'eux s'assurent qu'il n'y a pas de policiers à l'horizon.

Le bidonville où la grande partie de mon tournage se réalise est moins problématique. La police ne s'y aventure pas. Il n'y a que le coureur d'assez fou pour s'y rendre. Du moins, c'est ce que je crois. « Mais pourquoi tous ces gens sourient-ils constamment ? C'est la misère ici, non ?

- Mais non. Pour la plupart d'entre eux, ce bidonville est plus confortable que le village qu'ils ont quitté et en plus, ici, ils ont du travail ! »

Quand j'y repense aujourd'hui, c'est peut-être ça, le pire.

Mon Irlande

Mission accomplie ! Retour en Occident après deux mois en Asie. Je profite d'un transit de 7 heures à Amsterdam pour faire le vide... au bout duquel je rejoins ma nouvelle caméra qui m'attend à l'aéroport de Belfast. « Comment ? 360 livres (720 $) de frais de dédouanement pour récupérer ma caméra ? Un instant, il faut que j'en parle au directeur de la Course.

- On n'a pas le choix, Jean-François, paie-les, ça te sera remboursé au retour. »

Je n'ai pas dormi depuis près de 48 heures quand je retrouve enfin Josée, une amie québécoise venue enseigner pour un an en Irlande du Nord. Bien que je connaisse Josée depuis maintenant cinq ans, je m'aperçois que nous n'avons jamais vraiment passé de temps ensemble. Nous disposons de huit jours pour nous reprendre.

L'Irlande est une des rares contrées qui correspond à l'image que j'en avais. De grandes étendues de collines verdoyantes, dénudées d'arbres et parsemées de moutons et de vieilles maisons en pierres. Des milliers de pubs où la Guiness coule à flots et qui sont en fait des clubs sociaux, où l'on n'est jamais seul très longtemps. L'Irlande du Nord est aussi un pays empathique devant le jeune Québécois que je suis, encore secoué par l'échec référendaire. « Vous l'aurez la prochaine fois ! », lancent les Irlandais à grands coups de tapes dans le dos. « Mais pourquoi donc vouloir se séparer ? », demandent pour leur part les Anglais. L'occasion est trop belle pour ne pas la saisir. Je fais un film à saveur politique où ma sympathie pour les Irlandais est évidente.

Cependant, ce film ne traduit en rien mon séjour en Irlande du Nord. Mon Irlande, ce fut Josée. Mais je ne peux décrire ces merveilleuses journées passées en sa compagnie mieux qu'elle le fit dans une lettre adressée à ma mère, juste après mon départ.

LETTRE D'UN PROCHE

Strabane, le 11 novembre 1995

Bonjour Christine,

Je viens à l'instant de quitter votre beau coureur... Allez ! hop ! Dans l'autobus... En souhaitant qu'il ne manque pas son avion. Il sera très serré... J'ai décidé, en quittant J-François, de m'installer dans un café et de vous écrire un mot. J'ai eu le privilège de partager un morceau de la Course de J-François, une petite semaine qui nous a filé entre les doigts — comme le bon temps qui passe toujours trop vite. Au dernier « Au revoir », j'ai pensé à Christine, à Line, à François, à Stéphane, à Nathalie... tous ces gens que je ne connais pas mais dont les noms sortent régulièrement de la bouche de J-François avec beaucoup de tendresse... Voilà, pour vous, une image de coureur. C'est bien petit, à côté des films qu'il nous offre chaque semaine, mais j'avais trop à faire pour le filmer !

D'abord, j'avais imaginé qu'un coureur courait tout le temps... Erreur ! Avec J-F, j'ai compris que, la première qualité d'un coureur, c'est l'adaptation. Or, en Irlande, personne ne court... « The man who made time in Ireland made plenty of it » et votre fils l'a compris très rapidement.

Je m'étais, en quelque sorte, préparée à l'arrivée du coureur. « Qu'est-ce que je pourrais bien lui offrir en cadeau ? » Rien à transporter évidemment... Du temps ? Des contacts ? Dix personnes prêtes à lui parler de différents sujets dès son arrivée ? Un temps d'arrêt... Des repas maison ? Une épaule pour s'appuyer ? « Jean-François, as-tu rappelé Mary Reed ? As-tu pris rendez-vous avec le vieux violoniste ? As-tu un lift pour demain ? Comment vas-tu revenir ? As-tu mis le cadran ? » J-F me regardait comme on regarde une sauterelle s'énerver dans un verre... sirotant Guiness par-dessus scotch par-dessus pilule de malaria... en se frottant la barbe... « T'en fais pas, Josée. » Si la dernière minute n'existait pas, que resterait-il... Sûrement les 30 dernières secondes pour J-F... !

À travers la Course, je crois que J-F apprend à dealer avec la technique, la pression, les impondérables, la pluie, les oublis, les retards, le cadran qui n'a pas sonné. Mais aussi avec ses nerfs, sa sensibilité, ses priorités, sa personnalité... J-F est un opportuniste, dans sa façon d'aller chercher la pomme convoitée, mais d'une générosité extrême dans sa façon de la partager par la suite...

Je ne sais pas comment sera reçu son film sur l'Irlande du nord, mais je sais plus que tout ce qu'il m'aura apporté... Mille et un souvenirs partagés chez Felix's, Tracy's, O'Donnald, Strand Tavern, notre « cours » de danse traditionnelle, nos chansons québécoises, dans l'autobus, le fameux pèlerinage de J-F, Emmond et son ameublement piqué au motel, son «a lots of foods», mon anglais OK et l'anglais brillant de J-François. Aujourd'hui, en 7e position, il a vraiment compris le sens de la Course...

Autant de «running gags» que nous pourrons toujours partager... Le jour où l'on s'est égarés, dans un champs de moutons, le jour où j'ai appris à J-F à parler aux vaches... Le Shiraz qu'on s'est offert, même si on n'avait pas vraiment les moyens... et la Guiness... bien sûr, la Guiness... La Course m'a fermé ses portes, mais m'a rapprochée d'un ami, quel beau paradoxe... Désormais, dans mes souvenirs d'Irlande, il y aura votre Jean-François.

Je souhaite que vous puissiez partager cette lettre avec ceux et celles qui suivent J-F. Ses amis ou l'équipe de la Course, et peut-être J-F lui-même, cela lui fera du courrier... J'ai pensé vous l'adresser d'abord, puisque si Jean-François court si bien maintenant, c'est qu'il y a longtemps, quelqu'un lui a appris à marcher...

Je sais, Christine, que vous êtes fière et vous avez bien raison...

Amitiés,

Josée Larivée

Je t'aime, Josée.

MYTHE N° 2 : ON VOIT NOS FILMS DURANT LA COURSE.

À la mi-Course, on nous fait parvenir une cassette contenant nos 3-4 premiers films, ce qui donne lieu généralement à une bonne déprime chez les coureurs. Pour ma part, le film que j'ai visionné le plus souvent durant la Course est un vidéo qu'a réalisé ma « gang ». Si bien qu'à l'heure où on se parle, il y a toujours certains de mes films que je n'ai pas vus.

Les colocs

J'ai toujours rêvé d'aller en Afrique. Et voici que, dans quelques heures, j'atterrirai à l'aéroport de Libreville, capitale du Gabon. Comme le Laos, j'ai choisi le Gabon parce que c'est un pays dont on n'entend jamais parler et dont je ne connais pratiquement rien, sinon qu'il est le plus riche d'Afrique, quoique je suis curieux de découvrir ce que « pays riche » peut bien vouloir dire sur ce continent.

J'ai en poche une lettre de Christian, un Camerounais étudiant à Libreville, à qui j'ai écrit avant de partir faire la Course, après qu'une amie montréalaise, qui l'a connu au cours d'un stage de quatre mois au Cameroun au sein d'un organisme de coopération internationale, m'ait mis en contact avec lui. « J'irai te chercher à l'aéroport à 5 h le matin du 14 novembre », me répond Christian dans sa missive. J'espère que les préjugés qui veulent que les Africains ne soient pas fiables ne sont que des préjugés. Je ne possède qu'un numéro de boîte postale pour rejoindre Christian et je n'ai aucun autre contact au Gabon. Je me croise les doigts...

Il n'y a pas sentiment plus curieux que celui d'arriver dans un pays inconnu et d'y lire votre nom sur une pancarte. Il n'y a pas vision plus réconfortante non plus. Mais entre Christian qui m'attend, pancarte à la main, et moi qui vient de passer les douanes, une horde de porteurs, chauffeurs de taxi et autres parasites m'assaillent de toutes parts. « Je suis avec lui ! Je suis avec lui ! », crie-je à mes bourreaux qui s'arrachent mes sacs à dos. Christian est plié en deux et le sera tout le mois durant, chaque fois qu'il évoquera cette scène.

Non seulement Christian est-il ponctuel au rendez-vous, il est de plus accompagné de son coloc et meilleur ami, Marcel, un Gabonais qui étudie la comptabilité avec lui. Le contact avec ces deux étrangers est immédiat. « Je vais vous rembourser le taxi dès que j'aurai changé un peu d'argent.

- Tu as entendu ça, Marcel ? Il veut nous rembourser le taxi ! »

Des éclats de rire s'ensuivent.

J'ai compris à ce moment que ces deux-là faisaient partie de la même catégorie que Mei Ling et que le prochain mois promettait d'être agréable. Il le fut.

C'est assis à l'aéroport avec Christian et Marcel, attendant de prendre l'avion qui doit me ramener sur le vieux continent, que je ressasse ce mois fabuleux passé en leur compagnie. D'abord les repas « en famille », dans laquelle j'étais « le petit frère », étant le plus jeune du trio, des repas presque toujours préparés par Gisèle, la « blonde » de Christian, et constamment arrosés de Regab, la bière nationale, achetée à la « boutique » du coin. « Surtout, n'oubliez pas de me retourner les bouteilles (vides).

- C'est promis, maman. »

Et puis les Africaines. Bien sûr, les Africaines. Mireille, Katie, Pégie, Sylvie, Gloria... Autant de rencontres éphémères, de fantasmes assouvis. Ah ! oui, elle est « macho », la société gabonaise. Mais elle l'est des deux côtés. Chez les filles comme chez les gars, ce qui n'était pas sans accommoder le timide en moi.

Et puis comment oublier les « transports en commun ? » Il n'y a pas d'autobus à Libreville, on prend le taxi. Des taxis « communautaires » qui coûtent une pacotille (35 cents), à condition d'aller dans la même direction que le chauffeur et de ne pas tomber dans le « piège à Blancs ». « C'est la course ?

- Euh... oui, effectivement, je fais la Course.

- Alors c'est 1 000 francs ! » (au lieu des 100 francs habituels.)

Pas d'autobus pour couvrir les longues distances non plus. C'est un pays riche, le Gabon. On prend l'avion. Sinon, on fait comme le coureur, on s'entasse à 19 dans une camionnette qui met 18 heures pour parcourir 600 km. Parce que la route est pavée sur 300 km, après quoi c'est la brousse et tout ce que ça implique : crevaisons, pannes d'essence, sans oublier les bagarres... C'est qu'ils ont le sang chaud, les Africains ! Aussi prompts à fraterniser qu'à casser la figure.

Bien sûr, il y a eu des films aussi. « J'aimerais vous filmer aux champs, afin de montrer à quel point ce sont les femmes qui font tout ici.

- Pas de problème, mais tu paies la bière. » Macho, je vous dis. En fait, elles ont eu tellement de plaisir à se faire filmer, ces Gabonaises, qu'elles ont pris congé de leur véritable emploi pour mieux jouer le jeu. « Mais cessez de jouer. Soyez naturelles ! »

Les feux de la rampe n'ont pas été, non plus, sans faire de jaloux. Ainsi, c'est en catastrophe que j'ai dû fuir le « plateau de tournage » de *Lavez, lavez*, ma présence ayant créé des remous au sein du village et placé en situation compromettante le personnage principal de mon film, l'infirmière Clara-Martine Pangou. Le succès de son programme de prévention sanitaire suscitait la jalousie du maire du village, entre autres, bien que je n'aie pas vraiment compris pourquoi (je n'ai pas pris le temps de comprendre, disons).

Oui, vraiment, un choc culturel intense, le Gabon! Un choc symbolisé par un bambin de deux ans qui ne pouvait s'arrêter de pleurer en me voyant. « Il faut l'excuser, c'est la première fois qu'il voit un Blanc. » Et aussi par un film : *Palabre en direct*. Cette cour de justice traditionnelle a été le plus beau choc culturel de ma Course, ne serait-ce que pour le juge. Lui n'aurait pas reculé devant une couverture médiatique à la O.J. Simpson. Un juge qui a tout d'abord invité le coureur à trinquer avant le procès. Un juge qui a ordonné que ledit procès se déroule en français, pour le bien du réalisateur, mais au détriment de la compréhension entre les différents acteurs mis en cause. Un juge qui a interrompu ce même procès pour aller prier à la mosquée. Un juge, enfin, qui, à l'issue de ce fameux procès, a obligé une pauvre veuve de 40 ans à marier son bègue de beau-frère, âgé d'une soixantaine d'années. « C'est la tradition. »

J'ai toujours rêvé d'aller en Afrique, mais sans vraiment savoir pourquoi. Maintenant, je sais. Seulement, les mots me manquent pour l'expliquer. Il y a de ces sociétés qui sont façonnées à votre image. La mienne est indisciplinée, spontanée, africaine... « Vol 7015 à destination de Paris-Charles de Gaulle, embarquement immédiat. » Malheureusement, le naturel éphémère de cette aventure revient toujours au galop. « À bientôt, grands frères. »

Entre l'arbre et l'éCorse

L'avion m'éloigne de souvenirs inoubliables, mais me rapproche d'une autre destination dont je rêve depuis longtemps : la Corse. J'en rêve d'autant plus qu'à cette époque-ci de l'année (mi-décembre), les touristes, si nombreux à envahir ce rocher durant l'été, seront absents.

En effet, il n'y a pas de touristes sur l'île, mais ce qu'on ne m'avait pas dit, c'est qu'il n'y a pas de Corses non plus. Si bien que toute tentative pour organiser un tiamérisponde est vaine — le tiamérisponde est un dialogue en vers, improvisé et chanté, qu'utilisaient traditionnellement les bergers pour s'affronter verbalement. Quelques vieux Corses maîtrisent toujours cet art, de sorte que je voudrais en faire un film. Mais il faut croire qu'à l'image de beaucoup de leurs compatriotes, ces vieux boucs ont abandonné le rocher eux aussi.

Peut-être devrais-je justement faire mon reportage sur l'impression de désolation que m'inspire cette île en hiver? Je l'intitulerais *Le Pays fantôme*. Ce serait un film sans paroles où, sur une musique du groupe Corsica, on verrait défiler de superbes paysages corses, mais sans jamais personne dedans.

Michel Coulombe dirait que c'est un film sans visage. Louise Racicot me reprocherait ma mauvaise prononciation, mais qu'importe, ce serait génial!

Il y a un hic toutefois. Nous sommes le 24 décembre et j'ai en poche un billet d'avion (les autres services de transport sont en grève) pour aller retrouver un vieil ami, Pierrot, dans le Béarn. Ce sera pour la prochaine fois, Corse. Dommage.

Mon ami Pierrot

«Heureusement que tu m'as reconnu parce que moi, à cause de ta barbe, je n'aurais jamais pu.» Pierrot, lui, n'a pas changé depuis la dernière fois que je l'ai vu, en août 1992 lors de sa visite à Montréal.

La vieille ferme familiale aussi est identique à celle que j'ai habitée quand je suis venu ici en 1991. Une vieille maison construite en 1832, aux trois quarts condamnée, bâtie autour d'une cour. Une maison meublée d'antiquités qui, chez nous, trouveraient sûrement preneurs auprès des collectionneurs, mais qui, ici, se fondent dans le décor poussiéreux et intemporel. «J'ai pensé à pleins de bons sujets pour ton film sur le Béarn, tu veux que je t'en parle?

- Mais c'est toi mon sujet, Pierrot. Je te l'ai dit avant de venir.

- Ah! non. Il ne faut pas que tu t'intéresses aux monuments en péril, mais plutôt que tu donnes une image positive du Béarn.» Ça recommence. Enfin, je saurai bien le convaincre au cours des prochains jours. Pour l'instant, c'est Noël. Fêtons.

Ce Noël des coureurs ne vient pas sans cadeau. Une grosse enveloppe m'est expédiée de Montréal, contenant des lettres écrites par des gens que je ne connais pas, mais qui, eux, ont l'impression de me connaître un peu par l'entremise du petit écran. Des lettres de reconnaissance qui font prendre conscience au coureur qu'au-delà de la tiédeur des notes et du show télévisé, ses films ont su toucher quelques personnes. Un beau cadeau qui me procure une sensation de bien-être. Merci.

Dans l'enveloppe aussi, des lettres de gens qui me sont plus connus ainsi qu'une vidéocassette. *Petit cadeau vidéo pour Jean-François de la part de tous les «tinamis»* est le titre du moyen métrage réalisé par mon grand copain Stéphane, «ce bon vieux Stew» de son surnom. Actualités québécoises, musique, témoignages d'amitié, ce film est un antidote au côté éphémère de la Course. Un rappel des amitiés constantes. Un droit au cœur du coureur qui n'a désormais plus qu'une obsession en tête : comment témoigner sa gratitude ? De la même façon, peut-être. Par un film.

C'est nourri de ce trop-plein d'émotions que je réalise mon film sur Pierrot. Un film qui se fait tout seul, d'autant plus que l'acteur limite les temps de tournage du réalisateur. « Ça suffit pour aujourd'hui. » Reste donc beaucoup de temps pour visionner mes images au fur et à mesure, réfléchir à mon commentaire, commencer à scénariser (ce qui est exceptionnel en contexte de Course).

On atteint tous, je crois, un summum durant la Course. Un degré de paroxysme où il y a fusion totale entre ce que l'on ressent dans la vie de tous les jours et ce que l'on transmet dans un film. Pour Linda par exemple, cette magie devait se produire au Liban. Pour ma part, c'est avec Pierrot qu'elle s'est manifestée. Quoiqu'en pense l'acteur principal, *Mon ami Pierrot* est mon meilleur film et le restera. Ici aussi, les mots me manquent. Tout a déjà été dit. Ma Course est faite, si l'on peut dire, même s'il reste encore une dernière étape : l'Amérique centrale.

La leçon

Le Guatemala est la première destination qui me fiche un peu la trouille. Telle n'est pas ma surprise de voir tous ces *backpackers* européens se diriger vers ce pays que je crois « hostile et dangereux ». C'est là l'essentiel du commentaire de mon premier film, auquel j'ajoute : « C'est fou ce qu'on peut découvrir, à franchir la barrière des préjugés. »

J'avais prévu autre chose au départ. Comme j'en fais mention dans la présentation du film *Guatemaya*, j'ai suivi un cours d'espagnol durant mon séjour à Antigua (où ce film a été réalisé). Un « tout compris » en fait, où pour une centaine de dollars, on vous offre l'hébergement dans une famille en plus de quatre heures de classe d'espagnol par jour, avec un professeur attitré. Une excellente occasion pour me doter d'une base en espagnol, à l'aube de ces six semaines à parcourir le Guatemala, le Salvador et le Honduras. Mais je devais également produire un film, question de compenser pour celui jamais réalisé en Corse. J'ai donc demandé à ma professeure de composer un texte sur sa région natale, que j'allais par la suite coucher sur des images de cette superbe contrée.

« Antigua est une ville juchée au milieu de volcans majestueux, à l'ouest de Guatemala City, la capitale du pays. Ancienne capitale du Guatemala, Antigua dispose de plusieurs ruines de l'époque coloniale. Aujourd'hui, Antigua attire de nombreux étrangers. On y trouve des bons restaurants, des cafés plaisants... », et ainsi de suite. À l'image d'Antigua, le texte que m'a récité mon institutrice, en ce dernier jour de classe, est on ne peut plus « dépliant touristique ».

J'aurais sans doute dû y aller de mes impressions, mais il est un peu tard pour me raviser. Demain matin, un avion doit m'emmener au nord-ouest du pays, dans une région reculée, isolée, pratiquement inaccessible : Ixcan. Je dois donc envoyer mon film au plus vite si je veux atteindre un de mes objectifs de Course, ne remettre aucun film en retard. Finalement, j'aurai remplacé mon non-film sur la Corse par un film du même genre, sans paroles (ou presque). Sauf que celui-ci n'a pas vraiment sa raison d'être.

«Ah! d'accord. Il existe aussi, le pays hostile et dangereux.» Nous venons à peine d'atterrir à Cantabal (capitale de la région d'Ixcan), qu'un soldat nous presse de nous enregistrer. Il faut dire que la piste d'atterrissage (en gravelle) se trouve dans une énorme base militaire, encore en activité.

La région d'Ixcan est peuplée de milliers de *returnados*, des paysans qui s'étaient réfugiés au Mexique pour fuir la guerre civile du début des années 80, et qui reviennent au pays depuis quelques années. La cohabitation entre les «sédentaires» de la région et les *returnados* est difficile, du fait que ces derniers sont toujours soupçonnés d'appuyer la guérilla encore présente dans la région. Un sujet de film que je chéris depuis longtemps et pour le tournage duquel je suis bien entouré : le Haut-commissariat aux réfugiés de l'ONU.

Le directeur régional, un jeune Italien fort sympathique et maîtrisant le français, met une des chambres de sa «base» à ma disposition et s'offre pour me conduire dans un des villages problématiques: Santa-Maria Tzeja.

La cohabitation des deux communautés offre une vision contrastante. Toutes les habitations des *returnados* sont de tôle vêtues alors que les «locaux» disposent de maisons en paille, ce qui a pour effet de soulever les passions, les locaux réclamant aussi des toits en tôle. Les responsables de l'ONU ont beau leur expliquer que la paille est bien mieux acclimatée à leur région (alors que la tôle est suffocante), rien n'y fait. La tôle, ça fait plus moderne. On n'arrête pas le progrès.

La cohabitation donne aussi lieu à de beaux élans, comme la mise sur pied d'une coopérative agricole, où tous les paysans joignent leurs efforts pour être plus compétitifs sur le marché. Bref, mon film se construit tranquillement, quand j'entends parler d'un professeur d'anglais américain qui a monté une pièce de théâtre sur la situation des réfugiés, avec les jeunes du village. «Voilà une bonne façon d'amorcer le film.»

Au bout de quelques scènes jouées à l'extérieur expressément pour moi (l'église, qui tient normalement lieu de théâtre, étant trop sombre), je décide d'en faire l'essentiel de mon film. Contrairement à mon film *Guatemaya*, je crois qu'ici, il m'a été justifié de laisser la parole aux acteurs en place.

J'ai peur de l'avion.

Retour à Guatemala City, dans le même Cessna qui m'a mené ici. « C'est normal, cette huile qui s'échappe du moteur ? » Le pilote, assis à mes côtés, regarde dans la direction indiquée. Il me sourit nerveusement et s'empare d'un guide écrit en anglais et sur lequel je peux lire : « Quoi faire quand l'un des deux engins s'arrête en plein vol ». Les 45 plus longues minutes de ma vie s'ensuivent. Quand nous atterrissons finalement, sains et saufs, le pilote me lance, fièrement : « *We made it !* ». Enfin, il ne me reste plus qu'un avion à prendre et c'est celui qui doit me ramener à Montréal dans moins d'un mois. D'ici là, il est prévu que je me déplace uniquement en autobus.

C'est ce que je croyais.

Au bout d'une longue journée d'autobus en provenance de San Salvador, j'arrive à La Ceiba, sur la côte nord du Honduras. Mon séjour au Salvador n'aura pas été fructueux, côté production de films (2 entamés, aucun terminé), mais mon passage au Honduras s'annonce plus prometteur.

Je désire faire un film sur les Garifunas, ces Noirs venus d'Afrique il y a 200 ans et qui occupent maintenant toute la côte nord hondurienne. Une belle occasion pour moi d'effectuer un bref retour dans la culture qui m'a le plus marqué. Des coopérants rencontrés au Salvador m'ont mis en contact avec un « leader » garifuna, Celeo Alvarez, qui lutte pour la défense des terres de son peuple, menacées par un projet de développement touristique. Après plusieurs jours de pluies torrentielles, nous nous apprêtons enfin à nous rendre dans quelques villages menacés. « En avion, évidemment, puisque c'est très loin. » Bon, puisqu'il le faut.

L'avion est un vieux 15 places russe muni de tuyaux d'échappement qui ressemblent à s'y méprendre à des silencieux de voiture, à la différence qu'ils ne sont pas du tout silencieux. Nous rejoignons la tempête qui sévissait à La Ceiba la veille, de sorte que le vol commence à se faire inquiétant. « Mais qu'est-ce qu'ils ont à ouvrir leur fenêtre, ces pilotes ? On dirait qu'ils cherchent la piste d'atterrissage. » Le vol se dirige vers deux destinations, la nôtre (Brus Laguna) étant la première escale. Nous atterrissons tant bien que mal sur un chemin en terre battue.

Je me lève, arborant ce sourire nerveux, typique du calme après la tempête. « Mais pourquoi restes-tu assis, Celeo ? Nous sommes arrivés, non ? » Les pilotes avaient effectivement perdu de vue notre piste d'atterrissage. Ceci était la deuxième destination prévue au vol. Il nous fallait maintenant retourner sur nos pas. Je croyais avoir tout vu, mais non. C'est sur une allée en herbe, en plein milieu d'un village, que nous arrivons finalement à destination.

Batalla est le premier d'une série de quatre villages à visiter. Celeo réunit les habitants et aborde les grands enjeux de l'heure : avènement éventuel des touristes dans la région, propagation du sida, etc. Je crains soudain d'être tombé dans le même panneau que pour mon film *Veni, vidi,...*, tourné au Laos : « Et si je n'assistais encore qu'à des réunions... » Toutefois, contrairement à la situation au Laos, je dispose de plusieurs jours en sol garifuna. Je garde donc mon calme et me laisse couler dans cette Afrique en miniature.

Le pays garifuna est ce que j'ai vu de plus beau dans mon périple. Des kilomètres de plages vierges séparent les villages, kilomètres que nous franchissons à pied, nous abreuvant à même des noix de coco pour nous désaltérer. Au fond, quelle meilleure façon de sensibiliser les gens à l'existence fragile de ce peuple que de leur faire partager ces moments inoubliables passés sur une terre paradisiaque ? Mon film prend forme, lentement. Un film à l'image des autres, tissé de rencontres marquantes, de gens inoubliables.

En cette dernière soirée en sol garifuna, je célèbre plus que la fin de mon tournage. Nous sommes le 10 février, c'est mon anniversaire et il y a fête au village en mon honneur. Au menu : singe. Ce n'est pas de refus, d'autant plus qu'hier, tout ce qui figurait à la carte était des pattes de poulet.

La boucle est bouclée. Il y a un an, presque jour pour jour, j'entamais mon dossier de candidature pour la Course. Si ma 25e année en a été une de course, de départs, ma 26e s'annonce une année de retour, de bilans. D'ailleurs, c'est tout ce qu'il me reste à faire avant de rentrer, un film-bilan.

Je n'ai jamais perçu la Course comme une expérience solitaire. Elle m'a donné raison. J'ai toujours cru que le Tiers-monde valait plus que ce qu'on en dit. Il m'a donné raison. À travers l'éphémère, c'est là le message, la constante que j'ai voulu véhiculer dans ma Course. J'espère avoir réussi. Merci à tous ceux et celles, cités ou non, sans qui cette expérience aurait été pénible. Merci aussi à tous les contribuables, sans qui cette expérience aurait été impossible. Merci.

MANON DAUPHINAIS

« Un grand vent s'est levé sur ma vie

Un vent fort, un vent de tempête.

Sur son passage... nulle destruction

Au contraire.

Au milieu de ce tourbillon d'images,

de sons, de couleurs et d'odeurs,

une naissance a eu lieu...

La mienne . »

— Extrait du texte accompagnant mon numéro du cirque lors du gala

Itinéraire

12 août	Dorval-Los Angeles-Tokyo	avion
19 août	Iiyama-Shi + Tsuchiura-Shi (Japon)	auto
27 août	Tokyo–Hong-Kong–Guilin (Chine)	avion
6 septembre	Guilin-Guangzhou (Canton, Chine)	avion
20 septembre	Guangzhou–Hong-Kong–Hanoi (Viêtnam)	avion
9 octobre	Hanoi-Hô Chí Minh-Ville (Viêtmam)	avion
10 octobre	Hô Chí Minh-Ville–Phnom Penh (Cambodge)	avion
22 octobre	Phnom Penh-Bangkok-Dhaka (Bangladesh)	avion
31 octobre	Dhaka-Jessore (Bangladesh)-Dhaka	avion
2 novembre	Dhaka-Doha (Qatar)	avion
3 novembre	Doha-Manama (Bahrein)-Beyrouth (Liban)	avion
15 novembre	Beyrouth-Amman (Jordanie)	avion
21 novembre	Amman-Jérusalem (Israël)	taxi-autobus-taxi
24 novembre	Jérusalem-Metulla (Israël Nord)	autobus
26 novembre	Metulla- Jérusalem	autobus
28 novembre	Jérusalem-Gaza City (Palestine)	taxi
29 novembre	Gaza City-Jérusalem	taxi
30 novembre	Jérusalem–Tel-Aviv	taxi
1er décembre	Tel-Aviv–Budapest (Hongrie)-Varsovie	avion
6 décembre	Varsovie-Amsterdam (Hollande)	avion
7 décembre	Amsterdam-Venise-Trieste (Italie)	avion+train
13 décembre	Trieste-Rijeka (Croatie)	autobus
14 décembre	Rijeka-Zagreb (Croatie)	train
24 décembre	Zagreb-Venise	train
25 décembre	Venise-Amsterdam	avion
26 décembre	Amsterdam-Casablanca-Rabat (Maroc)	avion+train
29 décembre	Rabat-Casablanca-Rabat	train
31 décembre	Rabat -Marrakech-Talat Nin Walen	train-auto-dos d'âne
4 janvier	Talat Nin Walen-Marrakech-Rabat	à pied-auto-autobus
7 janvier	Rabat-Casablanca-Amsterdam-Paris	train-avion
8 janvier	Paris-Lagos (Nigeria)-Cotonou (Bénin)	avion
29 janvier	Cotonou-Lagos-Paris-Amsterdam	avion
31 janvier	Amsterdam-Lisbonne (Portugal)	avion
8 février	Lisbonne-Amsterdam	avion
9 février	Amsterdam-Toronto	avion
10 février	Toronto-Cincinnati-Savannah (É.-U.)	avion
17 février	Savannah-Atlanta-Dorval-sweet home	avion+*mon auto!*

SOUS MA PEAU DE NOMADE

Prologue

Voilà, je me devais de briser la glace et c'est fait. Depuis des jours et des jours, voire des semaines, que j'évitais de le faire et maintenant, il est presque trop tard. J'aurais tant voulu laisser le temps faire revenir les images, les odeurs, les souvenirs en douceur, à leur rythme et au mien, sans heurts, sans déchirures de cette peau si fragile qui tente de recouvrir mes blessures.

Ce qui sera écrit ici vous est entièrement destiné car pour moi il est trop tôt. Oui, bien trop tôt.

Autour de moi se trouvent les traces de fouilles archéologiques. Le temps a peu abîmé les vestiges, seule un peu de poussière a pu s'y poser. La cause de leur enfouissement : simplement le quotidien qui tente de reprendre le contrôle de mon existence. Journal de voyage, photographies, lettres, plans de montage... Ça me fait mal de leur faire face, de renouer. Oui, ça me fait mal.

On ne peut remuer sans se brûler des cendres où les braises rougeoient encore.

Trop tôt pour écrire pour moi. Trop tard pour les échéances. La notion de temps est inhérente à la Course. Sa rareté surtout. Avec elle, il est toujours « trop quelque chose ». On part trop tôt, sans se sentir prêt. On revient trop tôt ou trop tard, c'est selon. Pendant le voyage, on n'a jamais le temps de mûrir cette réflexion qui permettrait aux films de ne pas toujours être un regard ou une analyse de surface ; pour approfondir une rencontre, une relation ; pour vivre sa Course en harmonie avec ses contraintes comme avec ses limites ; pour simplement regarder autour de soi. Et trop tôt vient ce temps des bilans, alors que le processus de retour s'amorce à peine. Ce que je vous écris aujourd'hui sera peut-être périmé lorsque vous y poserez les yeux. Mais peut-être pas.

Pourquoi la Course a-t-elle atterri en catastrophe dans ma vie? D'abord parce qu'un atterrissage en douceur serait une contradiction dans les termes. Mais peut-être aussi parce qu'il y a bien longtemps, en découvrant que l'on m'avait réservé le prénom de celle qui, avant moi, n'avait pas survécu, j'ai compris que je me devais de vivre avec intensité, ayant hérité en quelque sorte de deux destinées. Et probablement aussi d'une double capacité d'angoisse et d'émotion car lors de ce fameux *jour du jugement dernier* — jour où le nom des huit finalistes fut annoncé publiquement —, j'étais tout à fait d'accord avec cette phrase entendue par hasard : « Nous voulons probablement tous entendre notre nom par simple peur du rejet, mais voulons-nous vraiment partir ? »

J'ai entendu mon nom. Et j'ai eu la trouille de ma vie!

C'est grand, la Course. Et avec la perspective que le temps m'a apportée, je peux même dire que ce qui semblait grand de loin devait forcément être immense de près. Ce le fut.

Je dirai aussi à tous ceux et celles pour qui sensibilité et transparence sont des synonymes de faiblesse et de fragilité (tares éminemment méprisables semble-t-il), « Eh bien tant pis ! »

J'ai ressenti la peur et je l'ai dit. Plusieurs en auraient été gênés, paraît-il. Mais trop de responsabilités se posaient subitement sur mes épaules pour qu'en plus j'y ajoute le poids d'une armure derrière laquelle me dissimuler. N'empêche. À travers toute cette angoisse, quelquefois démesurée il est vrai, je crois être parvenue à aller chercher en partie l'essence de ce que la Course allait me demander comme énergie et comme force. Mes réserves ainsi constituées, mon premier pays sous les pieds, j'étais enfin prête à foncer. Et je l'ai fait.

Japon : à la recherche du mode d'emploi

Hébergée par une amie japonaise que j'avais déjà reçue chez moi à Montréal, je nageais en plein surréalisme. Émergeant de l'enfer des derniers jours de préparation, des dernières nuits blanches, d'un très long vol et d'un décalage horaire de 13 heures, je me retrouvais en plein Japon rural, ne comprenant pas plus mon rôle que ma présence dans ce pays. À mon amie qui me demandait « Qu'est-ce que tu dois faire comme film ? Quel sujet recherches-tu ? », je n'avais rien à répondre. Je l'ignorais.

« Et voilà, moins un (-1) pays. Quelle drôle d'aventure. Mais ai-je vraiment vu le Japon ? Chose certaine, j'ai franchi quelques étapes dans mon nouveau métier de coureuse. J'y ai tourné deux films, complété un montage, fait un envoi et survécu au poids de mes sacs à dos (32 kilos à l'arrière et environ 10 ou 15 à l'avant!) Chaque pas est une preuve de volonté et chargée de cette façon, on

a tout avantage à savoir exactement où l'on s'en va... ce qui, bien sûr, n'arrive jamais!»

—Extrait de journal de voyage, dans l'avion devant me mener à Hong-Kong, mon transit pour la Chine, 27 août 1995.

Outre les muscles que je développerai, j'apprendrai à les porter, ces sacs, à les alléger aussi, ou alors à les faire porter par les autres!

Blague à part, j'ai désormais une meilleure idée de ma tâche... et du travail à faire sur moi-même! En effet, j'ai toujours pensé — à tort, je crois — que la débrouillardise, c'était de savoir ouvrir seule sa route alors que ce n'est probablement que la capacité à demander de l'aide à ceux qui nous entourent.

C'est aussi au Japon que j'ai fait la connaissance avec ou bien «la chance du débutant» selon *L'Alchimiste* de Paulo Coelho ou «le bon Dieu de la Course» selon Monique, notre réalisatrice! En regardant l'ensemble de ma Course, je crois bien que chacun de mes films a fortement bénéficié — ou est carrément le résultat — d'énormes coups de chance ou de coïncidences sidérantes.

Toujours le 27 août 1995. À l'aéroport de Hong-Kong.

Ça fait déjà huit heures que j'attends mon vol pour Guilin, petite ville du sud de la Chine, et on le retarde encore. Les derniers spasmes d'un typhon (mémorable atterrissage!) sont à l'origine de ce retard.

Assise sur un long banc de plastique orange, je me conditionne à garder en permanence un œil sur mes encombrants bagages (je n'ai pas encore appris à les inclure dans mon espace vital comme prolongement de mon propre corps — du reste j'y parviendrai tellement bien par la suite que j'aurai beaucoup de mal à les abandonner à la surveillance de Pierre Therrien lors de mon retour!).

Pour moi qui ai tant aspiré à un peu de solitude au Japon où j'étais constamment entourée, j'ai maintenant l'impression de me retrouver piégée. Peu importe ce que je suis en train de faire ou de penser, je ressens ma solitude par tous les pores de ma peau. Même sans ouvrir les yeux, j'ai une conscience aiguë de tous ces gens qui m'entourent. Comme si mes propres pensées, ou la conscience de mon moi (ça devient freudien!), n'occupent pas assez d'espace pour capturer l'ensemble de mes sens. Je ne le sais pas encore, mais un jour, mes propres tête-à-tête finiront par se suffire à eux-mêmes, par prendre de l'expansion!

La Chine : au-delà du mirage

Un énorme pays, un énorme morceau de ma Course où rien ne s'est conformé à mes illusions ! Je ne m'étais jamais rendu compte que le fait d'avoir nourri de telles attentes envers un pays le condamnait irrémédiablement avant même que j'y mette les pieds. La réalité ne pouvait être à la hauteur.

C'est là que j'ai eu l'impression que la *vraie* Course commençait, c'est-à-dire celle de mes craintes. Isolement total, quasi-impossibilité de communication, grande froideur de la population. J'écrirai dans mon journal le 12 septembre 1995 :

« Lorsque l'on voyage seul, il semble que l'on soit beaucoup plus sensible à la chaleur des gens qu'à la beauté des paysages. »

Cette froideur s'explique-t-elle par le syndrome de l'indifférence des grandes villes ou par un contexte politique particulier (Conférence internationale des femmes) ? Je préfère croire en la seconde hypothèse car j'ai bien senti que l'on avait peur de moi. Chaque fois que je sortais avec ma caméra, j'étais escortée par plusieurs policiers ou militaires. Ils ne m'abordaient pas. Ils ne m'empêchaient pas de travailler... enfin pas trop ! Ils me suivaient, c'est tout. Pour un début de Course où je m'habituais mal à la curiosité immédiate que suscitait ma caméra, l'effet était plutôt sidérant.

J'avais prévu demeurer 33 jours en Chine — ce qui est énorme si l'on considère qu'en général, les candidats choisissent 10 jours=un film=un pays. J'ai toutefois quitté les lieux au bout de 23 jours, n'ayant réussi à produire qu'un seul film. Maintenant, je sais bien que les forces qui s'opposaient à moi étaient trop puissantes — on ne m'a même jamais laissée rejoindre mon contact — mais tout ce temps, j'ai cru que c'était moi qui ne faisais pas ce qu'il fallait, qui n'avais pas compris les règles du jeu. Je ressentais crûment le manque de modèles.

Bien sûr, je connaissais les « anciens » de la Course, mais sans jamais les avoir vus à l'œuvre, sur le terrain. C'est aussi à ce moment, alors que je ne pouvais plus rien contrôler, que j'ai réalisé à quel point ce sentiment de maîtrise sur ma vie était ancré profondément en moi. Faire la Course, c'est accepter que l'imprévisible et l'inconnu deviennent les seuls maîtres à bord.

Viêtnam : pays de l'aube

Le pays où j'aimerais le plus retourner... du moins le premier sur la liste.

D'abord pour son insaisissable beauté, la chaleur de son souffle, de ses regards, mais aussi, plus prosaïquement, pour ce que j'y ai vécu. Par l'accueil d'une famille québécoise (merci aux Larochelle), je mettais fin à mon isolement, j'apprenais à travailler en bénéficiant d'aide et à partager ce que je vivais avec des gens qui connaissaient bien la Course. Évoquer le Québec, dans ma langue, autour d'un plat de frites après déjà deux mois d'errance me fit un bien immense. Toutefois, j'avais encore beaucoup à apprendre sur comment « Manon » devait vivre sa Course. Aussi bien entourée, je me trouvais tout simplement incapable de travailler.

J'ai dû quitter leur confortable maison et leur fabuleux accueil pour aller me réfugier dans un hôtel impersonnel (où, d'ailleurs, ma célèbre tarentule m'attendait). Déconcertée, je l'étais autant qu'eux. Je ne comprenais rien à ce qui m'arrivait ; j'avais seulement cet irrépressible besoin d'être seule pour travailler. Je le répète, jamais je n'ai voulu les froisser ou fuir leur accueil. Tout au long de ma Course, j'ai dû veiller à préserver cet équilibre entre être bien entourée et répondre à ce grand besoin de solitude. L'idéal a été de connaître des gens là ou je me trouvais, mais d'habiter seule le moment venu de travailler — malheureusement, cette condition signifia souvent échouer à l'hôtel. Ce faisant, je me suis certainement privée d'une quantité d'expériences extraordinaires puisque je suis fermement convaincue que l'on ne goûte réellement une culture qu'en la partageant directement. C'est à ce prix que j'ai réalisé mes films.

Pendant ce temps, la Course — la vôtre, celle de la télé, du spectacle — commençait, ce qui allait signifier pour moi les premiers commentaires, les premiers feed-backs. Terrifiant en effet d'apprendre un métier auquel on ne connaît rien devant un auditoire de 400 000 téléspectateurs tout en tentant avec acharnement de maintenir sa tête hors de l'eau dans un environnement en constante mutation.

> *« [...] Les premiers résultats commencent à entrer et même si ce concept de compétition ne semble pas pouvoir appartenir à l'expérience que je suis en train de vivre, il influence néanmoins mon niveau de confiance en la capacité que j'ai de franchir l'immense fossé qui sépare la " Course version salon " de la réalité.*
> *Quand les opinions émises sont positives, ça fait beaucoup plus que simplement plaisir à entendre, ça donne du courage avec en prime une forte dose d'adrénaline. Le seul ennui, c'est que cet influx d'énergie m'empêche chaque fois de dormir " grâce " au décalage horaire ! Vivement que je reçoive ces bonnes nouvelles le matin plutôt qu'à la nuit tombée car à chaque coup, j'ai envie de reprendre ma caméra et d'aller tourner ! »*

— Extrait de journal de voyage,
en vol vers Hô Chí Minh-Ville,
lundi 9 octobre 1995.

MYTHE N° 3 : IL EST NÉCESSAIRE DE BIEN CONNAÎTRE LA VIDÉO POUR ESPÉRER FAIRE LA COURSE.

Pas du tout ! Considérer la caméra comme le prolongement naturel de votre acuité visuelle viendra bien assez vite ! Personnellement, je me souviens avoir failli mourir de honte lorsque, devant le comité de sélection, je ne suis pas arrivée à retirer le capuchon de protection de la lentille (affectueusement nommé bouchon) ! Comme les notions de cadrage, d'éclairage, etc. sont demeurées très obscures dans ma petite tête, je n'ai appliqué pendant ma Course qu'une seule règle : si c'est joli dans le viseur, tu appuies sur le petit bouton rouge ! Bonne chance !

Phnom Penh (Cambodge). Avis de recherche. 13 octobre 1995.

Comment retrouver un contact qui oublie le jour de votre arrivée, ne possède pas le téléphone et n'a comme adresse qu'un casier postal ? Eh bien, vous vous présentez plusieurs fois par jour à l'Université de Phnom Penh en demandant à parler à « l'étudiant étranger ». Il semble bien qu'il fut le seul puisqu'un beau jour (le troisième en fait !), je suis tombée dessus par hasard ! Merci pour tout, Michel !

Une autre réalité de la Couse m'a rejointe au Cambodge : les appels en direct. En tant que téléspectatrice, je les adorais. En tant que coureur, je les ai détestés.

Phnom Penh 15 octobre 1995, 4 heures du mat !

N'ayant pas de téléphone dans ma chambre, je dois descendre à la réception de l'hôtel (ou ce qui en tient lieu) afin de recevoir l'appel de Montréal. Sur les fauteuils se trouvent déjà 5 employés qui semblent vouloir ou devoir y passer la nuit. Je les empêcherai donc de dormir pendant près d'une heure. Comme je tentais de les convaincre d'au moins éteindre la lumière, la énième panne d'électricité de la journée règle le problème. C'est donc dans le noir le plus dense que se déroulera l'appel (cette obscurité va d'ailleurs plaire aux petits lézards qui en profiteront pour me marcher sur les pieds... enfin, j'espère que c'était bien des lézards...).

Quelques mots avec Pierre Therrien et avec mon petit monde qui s'est déplacé en studio pour l'occasion. On me laisse écouter un reportage et... c'est tout. Un technicien dont j'ignore l'identité vient me dire au revoir et je me retrouve de nouveau toute seule au beau milieu de la nuit, la carapace toute fissurée, avec un terrible sentiment d'abandon. Je remonte, toujours seule, à ma chambre.

À l'autre bout de la Terre, ma famille, mes amis, mon amoureux sont tous réunis pour moi. Pourtant, je suis seule. Ils iront peut-être quelque part tous ensemble parler de moi et de ma Course, mais je serai encore seule.

Les quelques mots échangés auront ouvert la brèche. J'ai tant de choses à leur raconter. Et puis la télé, les juges, les notes, tout ça semble bien trop loin de ma réalité pour me concerner et l'espace d'un instant, cette vérité me semble insoutenable. Je réussis toutefois à me rendormir et mon sommeil est peuplé de tous ces mots qui n'ont pu être prononcés. À mon réveil, le besoin est comblé.

À quelques nuances près, ces appels m'ont toujours fait le même effet : souffrir.

Bangladesh. Effluves. 23 octobre 1995.

Dhaka, capitale du pays. L'enfer sur Terre. Des millions de gens, des millions de corps et de regards fixés sur moi. La chaleur impitoyable, les odeurs, la poussière, la pauvreté insoutenable, les embouteillages infernaux où des crachats de noix de bétel me passent sous le nez. La pollution est telle que l'air y est irrespirable ; je dois donc me dissimuler le visage dans un grand morceau de tissu, ce qui, en plus, a l'avantage de satisfaire quelques Musulmans aux regards intransigeants. Ce jour où je suis restée coincée quelques heures dans ce chaos indescriptible a été mon plus violent choc culturel.

Plus paisible a été ma rencontre avec Sheila et Julian, deux amis de Marie-Noëlle. Sheila, lorsque tu as pris ma main dans la tienne, j'ai craqué. Cela faisait si longtemps qu'une main amie sans exigence, sans menace, s'était posée sur la mienne. C'est aussi grâce à toi que j'ai rencontré mes « briseurs de brique ». Merci.

Beyrouth (Liban). Frissons. 4 novembre 1995.

Il fait frais, les feuilles tombent et il pleut. Cela sent tellement l'automne, tellement chez nous, tellement bon. Je suis heureuse ou malheureuse, aucune importance. Je me complais dans cette ambiguïté.

« On a assassiné Rabin, le premier ministre israélien. Les Libanais sont heureux (en tout cas quelques-uns) car toute la nuit ils ont jubilé, klaxonné. Peu importe les allégeances politiques, ça fait froid dans le dos d'entendre célébrer une mise à mort. »

— Extrait de journal de voyage, Beyrouth, 5 novembre 1995.

Amman (Jordanie). La trêve. 21 novembre 1995.

Petit séjour des plus tonifiants sous la gouverne de Marie (contact et amie de Patrick... vive le partage !). Avec elle et sa fille Krystèle, je retrouve une petite dose de vie de famille et ça me plaît. Le temps d'une trempette dans la mer Morte et c'est reparti !

Israël. Cataclysmes. 28 novembre 1995.

Cinq années d'université en Relations internationales et en Études arabes suffisent certainement à justifier mon attrait pour la région mais curieusement, elles m'en éloignent aussi. Je ne me sens pas de taille à traiter dans mes films du conflit israélo-arabe. Je choisis donc un petit sujet léger... pour faire changement ! Il s'agit d'une patinoire olympique financée par le Canada et située tout au nord du pays à Metulla.

Dès mon arrivée, je remarque que nous sommes à quelques mètres seulement du Sud-Liban et au pied du Golan (là, j'aurais peut-être dû comprendre quelque chose...) Le premier soir, un violent orage éclate et le tonnerre gronde toute la nuit... à en faire trembler les murs (! ? !). Faut voir ma tête le lendemain lorsqu'à l'auberge on me demande si les bombardements de la nuit ne m'ont pas trop empêchée de dormir. Les quoi ? Les **bombardements** !

En voyant mon regard, ils regrettent leur franchise, reconnaissant immédiatement que les petites Québécoises n'ont pas l'habitude de se laisser bercer dans leur sommeil par le rythme des obus qui tombent. Sans le savoir, je vivais les prémices du drame qui allait éclater quelques mois plus tard : les attaques du Hezbollah (milice armée islamique) et les violentes représailles d'Israël sur le Sud-Liban.

Le soir venu, ça recommence. Je veux bien admettre que j'ai du retard à récupérer et que j'aurais dû travailler, mais ma « robotisation » n'est certainement pas encore à point car à chaque déflagration, je ne peux m'empêcher de penser que l'on fait la guerre à quelques pas de moi et que, chaque fois que mes murs tremblent, on a peut-être semé la mort.

Je ne me sens pas particulièrement en danger car les sirènes se taisent encore — et partout, je découvre des abris à ma portée. Toutefois, j'ai besoin de parler à quelqu'un pour qui l'événement n'est pas sans importance simplement parce que les bombes partent « du bon côté ». La cabine téléphonique est dans la rue et je reste figée devant. À qui vais-je empoisonner l'existence ce soir ? (Mes appels ne sont certainement pas toujours faciles à recevoir pour mes proches puisqu'en général je ne leur téléphone que lorsque le mauvais état de mon moral me le dicte.) Puis-je vraiment appeler ma mère pour lui dire qu'il pleut des bombes ? Bien sûr que non ! Alors c'est Francis, mon amoureux qui, pendant deux heures, entendra lui aussi les bombes, les bottes des soldats sur le pavé, les hélicos... Deux heures où nous serons liés, unis, même si ce n'est que par un simple fil téléphonique. Francis, tu as su me communiquer ta force tranquille... Merci.

De retour à Jérusalem, on m'offrira l'occasion d'aller à Gaza pour 24 heures. Peut-on encore admirer la Méditerranée (que je n'avais jamais vue plus belle) quand son passé, son présent et peut-être son futur sont tous à la fois contenus à l'intérieur des barbelés d'un camp de réfugiés ? Et je repars de nouveau, fuyant, laissant derrière moi la ville et ses apatrides et usant à plein de ce privilège de franchir les frontières que moi seule semble posséder. J'allais bientôt en découvrir le prix.

Tel-Aviv, 30 novembre 1995.

Je suis arrivée plus de quatre heures en avance pour mon vol... que j'ai quand même manqué. Un interrogatoire de près de deux heures, une fouille complète de mes bagages (stylos, tube de dentifrice, tout y passe) au bout de laquelle on en vient à la fabuleuse conclusion que mon micro présente un danger !

On confisque illico *tous* mes bagages, je suis retenue au pays. Alors adieu la Pologne, adieu le contact. Je me retrouve à la rue sans aucun bagage, sans argent (et Tel-Aviv, c'est cher). Alors celle que l'on traite depuis plusieurs heures déjà comme la plus dangereuse des terroristes se transforme en tigresse. J'en ai marre, je griffe et rugit... jusqu'à ce que l'extrémité d'une mitraillette me prévienne que ma forme d'expression corporelle et verbale n'est pas très appréciée ! La prochaine fois, je ferai comme les autres et passerai par la Jordanie ! Ah oui... vous ai-je raconté que j'avais eu droit à un tremblement de terre en prime ! Vive la Course !

Pologne... si peu !

Lorsque j'y mets enfin les pieds, il ne me reste plus assez de temps, même pour penser seulement y faire un film... et après, on se demande d'où viennent les retards !

Zagreb (Croatie) : la Honte

Au moment du choix de l'itinéraire, j'y tenais mordicus. Pourtant, à ce moment, personne ne pouvait prédire l'évolution du conflit en ex-Yougoslavie. L'entente est donc la suivante : j'atterris d'abord en Italie, le temps d'attendre le OK des autorités concernant ma sécurité (ironique, n'est-ce pas, après ce que je viens de vivre en Israël !). Les accords de Dayton intervenant en ma faveur (uniquement en la mienne, peut-être), je décide de traverser en Croatie où un blizzard s'abat sur ma route (un typhon à Hong-Kong, un tremblement de terre à Jérusalem, un blizzard en Croatie... et quoi encore ?). Je mets des jours à atteindre Zagreb — où je ne devais même pas aller — et ne retrouve jamais mon contact (perdu dans la neige ?).

Toutefois, je rencontre ce que j'étais venue chercher : des destins de guerre en exil. Pendant que les uns analysent encore dans une perspective « scientifique » comment les atrocités des camps de concentration nazis ont pu être perpétrées, d'autres se consacrent à reproduire l'horreur de la haine en contagion.

> *« Même les wagons à bestiaux étaient là dans un souci maniaque de fidélité à un passé rouge sang où seuls les noms ont changé. »*
>
> — Extrait du film *Condamné à grandir.*

Jamais je n'ai eu aussi honte d'utiliser ma caméra. On ne donne pas sa douleur à n'importe qui... Pourquoi m'avoir choisie, moi ? Leur confiance en l'humanité se rétablira-t-elle un jour ? Et la mienne ? La guerre semble être devenue un leitmotiv dans ma Course comme dans ma vie... J'aurai le temps d'y réfléchir pendant cette nuit de Noël que je passerai dans un train (à ne pas conseiller) !

Maroc : rupture

Deux extrêmes.

D'un côté, mon intrusion dans le quotidien d'un petit village arabe niché dans la vallée du Haut Atlas, là où quatre siècles ont passé sans jamais s'arrêter. La nature y règne en maître et la vie y semble rude sans téléphone, électricité ou eau courante, ni aucune autre de nos commodités dites modernes. Néanmoins, ses habitants

> *« me regarderont partir sans la moindre envie, car ils savent bien que là où je vais, le silence de la nuit n'existe plus, que les étoiles ont trop de concurrence pour encore oser briller et puis surtout parce qu'on ne croit plus à la baraka de Dieu. »*
>
> — Extrait du film *Au pays de la baraka.*

De l'autre, la corruption et le machisme des autorités.

À peine arrivée à Casablanca, je réalise que je ne peux plus me déplacer sans que mon passage soit souligné par des mots, des gestes ou bien des bruits, tous porteurs de mépris. Serait-ce le quartier ? Jamais auparavant ce pays (ou un autre) ne m'avait fait vivre pareille situation.

Je deviens folle d'agressivité. Je montre le poing, je ne me reconnais plus. Je passerai donc les deux prochains jours cachée dans ma chambre d'hôtel en attendant mon vol. Moi qui croyais pourtant connaître ce pays où j'avais vécu de si beaux moments. L'intolérance engendre l'intolérance. Dans un excès de colère, je fais la promesse de ne plus jamais y mettre les pieds.

« One always begins to forgive a place as soon as it's left behind. »

— Dickens

J'espère !

Bénin : envers et contre moi

8 janvier 1996. J'atterris à Cotonou, la capitale économique du Bénin. Voilà près de cinq mois que je roule ma bosse sur la planète et qu'à trop vouloir m'ouvrir aux autres, je suis en train de me perdre moi-même. J'aborde donc le pays les yeux fermés, de solides œillères bien rivées de chaque côté de ma tête. Je refuse le dépaysement, je ne veux plus ressentir de choc culturel. Bref, je refuse l'Afrique... mais pas pour bien longtemps. Je ne saurais l'expliquer, mais je me suis laissée gagner.

La lumière ocre, la chaleur — celle du soleil qui justifie cette si douce indolence — mais surtout celle des gens et de leur amitié. J'y découvrirai la stabilité, car 21 jours de sédentarisation dans la Course, c'est presque impensable et certainement pas toujours souhaitable... mais là, j'en avais besoin !

Je me déplace, bien sûr, mais je reviens toujours rejoindre mon port d'attache. Il y a l'amitié aussi. Mélanie et Mathilde, deux jeunes filles de Québec qui me font un bien immense. Je nous revois encore, assises l'une derrière l'autre dans une étroite pirogue sur le lac Nokoué en route vers Ganvié, ce village sur pilotis, vedette de mon film *La Venise noire*.

Le guide, à l'avant, pagaie tout en racontant l'histoire de son village. Moi, l'œil rivé à la caméra, je n'entends ni ne vois rien hormis ce qui se trouve dans mon viseur. Mélanie, tout juste derrière moi, prend des notes comme une forcenée, tandis que Mathilde, trésorière en chef, distribue la monnaie à ceux qui acceptent de se laisser filmer... (à cette juge qui portera ce succès sur le compte de mon charme, je dépose cette vérité à ses pieds — dommage, quand même !) Quelle équipe nous faisons... et comme il est difficile de les quitter. Les dommages apportés à mon armure sont majeurs ! En route vers mon prochain pays, il me faut tout reconstruire.

Portugal : un nuage plane

Ai-je réussi à me blinder de nouveau ? Je ne crois pas. Il reste 17 jours à ma Course et je ne laisse plus personne m'approcher, m'atteindre réellement.

Lisbonne qui, dans mon imagination, était synonyme de soleil et d'une douce nonchalance est en réalité grise, froide, noyée sous la pluie et perdue dans le brouillard. Et impatiente. Tellement impatiente d'être demain. Mais encore belle. Malgré mon désir de ne plus créer de contact, j'ai encore envie de communiquer par les images. J'y tourne mon film le plus silencieux. La mélancolie du fado m'atteint en plein cœur.

> *« Bonjour, bonsoir Manon. Je ne sais pas à quoi ressemble Lisbonne sous les nuages. Lisbonne comme la Course : incendie, tremblement de terre, téléphérique (up and down), rues escarpées, conquête du nouveau monde, peuple laborieux, fado (vague à l'âme), etc. [...] Amène ton ange avec toi et bonne inspiration ma grande. Bons baisers. »*
>
> — Extrait d'un fax reçu à Lisbonne de Louise,
> ma bonne âme compatissante !

> *« [...] Pourquoi ne pas faire un film qui dresse un lien entre le fado (une musique triste) ; la pluie à Lisbonne (au Portugal, pays du soleil) ; ton état d'âme (qui est triste et épuisé, sous la pluie, au pays du soleil) ? »*
>
> — Extrait d'un fax de Francis, mon amoureux.

Est-il vraiment nécessaire d'ajouter quelque chose ?

Toronto : une sensation de déjà vu !

Je mets trois jours et deux nuits blanches à atteindre Savannah.

9 février 1995, escale de 13 heures à... Toronto ! C'est-à-dire *presque* chez moi ! À huit jours du retour, ça frise la cruauté.

À l'aéroport, une belle surprise m'attend. Tom, un ancien compagnon de travail et Marie-Josée, une grande amie, tous deux de la région (comprendre ici : respect des règlements !!!) brandissent à bout de bras une affiche portant mon nom ! Après tant d'arrivées en solitaire alors qu'autour de moi les gens se reconnaissaient, se retrouvaient, cela me réconcilie avec la Terre entière.

Je passerai la nuit à raconter, à combler les curiosités et à doucement prendre conscience de l'impact que mon (notre) aventure a eue sur les gens. C'est un peu comme la répétition générale de mon retour. Ce sera ma plus belle nuit d'insomnie ! Je me sens si près de chez moi. Le lendemain matin, je tente désespérément de convaincre Tom de me séquestrer pour la dernière semaine. Après tout, on ne sait jamais, peut-être que Radio-Canada aurait voulu payer une rançon pour me récupérer ! Mais voilà, comme une grande fille, je me retrouve dans mon avion (Tom : un jour, peut-être, je te pardonnerai !)

Savannah (États-Unis) : le goutte à goutte

Si l'esprit de la Course m'a quittée au Portugal, c'est à Savannah, pendant ma toute dernière semaine, que mon corps et ma santé m'abandonnent. Entre deux prises de sang, je me rends compte que j'ai vu passer dans la seringue tout ce qui fut la *Manon de la Course.* Même le désir de faire des images est disparu. Je n'ai plus rien à partager. Plus rien à vous donner en pâture. Peut-être qu'à vivre et à donner avec autant d'intensité pendant si longtemps, il est normal de se retrouver vide comme un ballon de baudruche.

Ma Course est bel et bien terminée, dans ma tête si ce n'est sur le calendrier.

Épilogue

Je pousse une dernière fois mon chariot avec tout ce qui a représenté mes racines pendant que je portais ma peau de nomade : mes bagages. D'épouvantables fardeaux, ils seront en effet devenus... ma permanence. Les portes s'ouvrent. Ils sont tous là. Qui ? Mais mon monde à moi.

Sur le chemin du retour, je remarque tous les hôtels, tous les restaurants sur ma route. Ces réflexes de survie seront longs à s'effacer devant ma sécurité retrouvée.

LES PILIERS DE MA COURSE

La Course ne se fait ni ne se vit seul.

Tellement de gens ont pris part à la mienne. Bien sûr, il y a ceux et celles qui, dans l'ombre, font qu'elle existe, tout simplement. Et puis toutes les personnes qui nous voient un jour débarquer dans leur pays, dans leur vie et qui décident de s'investir, un peu, beaucoup, parfois même passionnément ! À travers mon récit, vous les connaissez déjà un peu et les quelques remerciements que j'ai pu leur adresser ne seront jamais à la hauteur de ce qu'ils ont fait pour moi et ma Course. Mais il y a aussi ceux et celles qui m'ont aidée à sauter en bas de mon nid. Ils sont restés ici derrière moi, ils m'ont beaucoup manqué, mais je les ai enfin retrouvés.

Lettre à Francis

Francis, toi avec qui je partage tout de moi.
Nous la connaissions cette réputation qu'a la Course de briser les couples. Je peux maintenant comprendre pourquoi, mais aussi dire que sa survie dépend beaucoup de la façon dont la vit celui qui reste.
Francis, malgré toute ta peur et ton désir de me retenir, c'est toi qui, ce matin du 12 août, a lacé mes bottines de voyage. C'est toi qui a glissé dans mon sac cette petite chouette en peluche (sur prescription de l'infirmière de Radio-Canada!), garde du corps attitré et chargé de veiller sur moi la nuit lorsque que j'abaisserais mes défenses. Devant choisir entre ses services et ceux d'un pragmatique imperméable, tu m'as convaincu en affirmant qu'il y aurait vraisemblablement plus de nuits de solitude que de jours de pluie. Ce fut vrai.
C'est encore toi qui, un jour que la Course se fit vilaine avec moi, m'a appris à tout remettre en perspective en m'enseignant ce simple mot : PIS! Tu as été ma colonne vertébrale dans cette Course. Tu as mis ta propre vie en veilleuse pour mieux me soutenir dans la réalisation de la mienne. Par ton empathie, toujours, tu as su comment combler mes besoins. Comment pourrais-je jamais oublier ce colis reçu au Viêtnam... Tu y avais mis tellement de toi et de mon univers. Des lettres de tout mon monde, mais aussi leur voix sur cassette où, pendant toute ma Course, j'ai puisé du réconfort. De mes bonbons préférés aux sachets de soupe de survie; de la musique, de la documentation, des contacts, des photos, tout y était... Mais surtout : tellement d'amour.
C'est toi aussi qui a vu revenir quelqu'un de différent. Ta patience comme ta générosité ne semblent pas avoir de limites puisque j'en bénéficie encore. Ma Course t'est entièrement dédiée... Je t'aime.

Lettre à Louise

À Louise, mon plus cher ange gardien. C'est toi qui, il y a quelques années au détour d'une conversation comme on en partage tant, a mérité le titre d'instigatrice de mon désir de faire la Course. Avant ce jour, ce rêve ne pouvait appartenir qu'aux autres. Je crois bien que tu as craint, quelquefois, de te voir passer du « grâce à toi » au « à cause de toi »!
Louise, tu as été une inépuisable source de soutien comme d'information. Je me souviens encore de ce jour où tu m'as dit : « Je crois avoir enfin découvert pourquoi j'ai toujours conservé toute cette "culture en boîte"... Cela devait être pour toi, pour ta Course. »
J'ai d'ailleurs plongé à m'en noyer dans ta musique, tes livres, tes magazines. Quelle razzia j'ai faite dans ton appartement... Mais peut-être aussi dans ta vie? Toujours, je t'ai sentie derrière moi et toujours tu l'as été; de ces longues heures passées au téléphone (une fortune en frais d'interurbains!) aux fax envoyés de toute urgence

Ombres marocaines... sous le soleil du Haut-Atlas. **Maroc,** *Manon Dauphinais*

Marché du dimanche.
Le plus gros et le plus vieux
marché de l'Asie depuis 2 000 ans.
Kashgar (Chine), *Linda Lamarche*

Suède, *Philippe Desrosiers*

Rue des artisans de chapeaux. **Kashgar (Chine)**, *Linda Lamarche*

Canyon au pied de la chaîne Tian-Shan.
Kazakstan, *Philippe Desrosiers*

Enfant que je crois être le fils de mon cornak.
La barrière de la langue conserve le mystère.
Thaïlande du nord, *Natalie Martin*

Humez l'enfer de Dhaka, capitale du Bangladesh... et ce n'est pas encore l'heure de pointe !
Bangladesh, *Manon Dauphinais*

« *One roupee, Mister ?* »
Inde, *Stéphane Lapointe*

Mongolie, *Linda Lamarche*

Arrêt obligatoire au sommet de la Bolivie pour saluer la « Terre Mère » et lui offrir quelques gouttes d'alcool.
Bolivie, *Patrick Brunette*

San Francisco la nuit, en compagnie de Martine Pagé,
ange de la route, exilée chez nos voisins.
États-Unis, *Natalie Martin*

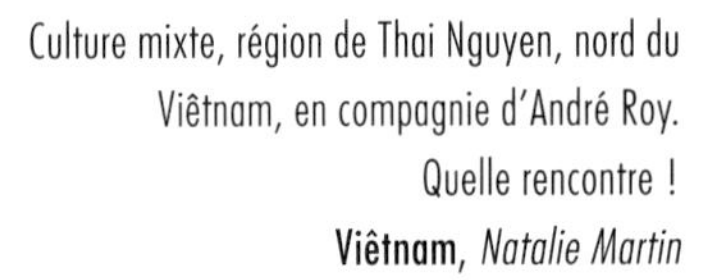

Culture mixte, région de Thai Nguyen, nord du
Viêtnam, en compagnie d'André Roy.
Quelle rencontre !
Viêtnam, *Natalie Martin*

L'imam du village et sa cour...
Maroc, *Manon Dauphinais*

Viêtnam, *Philippe Desrosiers*

Népal, *Stéphane Lapointe*

Îles Salomon, *Philippe Desrosiers*

Marché du dimanche, section fruits et légumes.
Kashgar (Chine), *Linda Lamarche*

On tourne en rond au théâtre romain à Amman.
Jordanie, *Patrick Brunette*

pour des infos, de l'inspiration, ou du réconfort. Comme j'ai dû te faire courir dans mon sillage! Merci Louise XXX

Officiellement, elle est ma tante, mais ça fait longtemps que je l'ai adoptée comme une de mes meilleures amies; elle est de celles que l'on choisit.

Merci aux instigateurs du FSAMFPI: le Front de Solidarité Aidons Manon et Francis à payer leurs interurbains. Un t-shirt est né de cette initiative. Merci Stéphane pour le magnifique dessin!

La terre a été bien pensée
c'est pourquoi elle est ronde!
Ce qui fait que lorsque
quelqu'un qu'on aime se
met dans la tête de vouloir
en faire le tour, elle
nous revient forcément.

Félicitations!

Pour avoir fait le tour
de la terre et
Pour avoir fait le tour
de toi-même.

Natalie & Stéphane
+ Noé xxxx

Merci aussi pour ce petit mot glissé dans ma main tout de suite à la fin du gala.

Merci à tous ceux qui ont répondu à l'appel de courrier de la Course. Ces lettres constituent un de mes plus précieux trésors. En les relisant, j'ai bien failli délaisser ce chapitre pour vous répondre à tous. Mais ne craignez rien, je vous promets bientôt de mes nouvelles!

Tellement de gens devraient retrouver leur nom sur cette page, dont celui de ma mère. Elle qui, par peur de trop s'ennuyer en mon absence, n'a voulu compter les jours qui la séparaient de mon retour qu'à la seconde moitié de mon périple! Les dédicaces faites à Francis et à Louise ne lui enlèvent rien... mais elle sait tout cela... C'est ma mère!

Il y a tous les autres aussi, mais une simple énumération serait fort ennuyeuse pour vous et ne leur rendrait nullement hommage. Toutefois, je suis convaincue qu'ils se reconnaîtront dans ce simple mot: MERCI.

BILAN DES 6 DERNIERS MOIS OU DE TOUTE UNE VIE ?

Ces derniers mois, je vous ai beaucoup parlé de mon père décédé il y a maintenant 13 ans. De son influence sur mon urgence de vivre, sur ma décision de faire la Course.

« Il me faut fuir ces jardins de pierre qui évoquent à mes yeux des champs de regrets... comme peut-être ceux de mon père.
Regrets d'avoir manqué de temps...
Alors il me semble l'entendre murmurer à mon oreille d'aller voir, sentir, toucher et goûter ce qu'il a manqué.
Je vais donc partir... partir... partir... »

— Extrait de mon autoportrait
Avec les ailes d'un ange... je partirai.

Cotonou (Bénin). 17 janvier 1996.

J'ai un anniversaire très important à célébrer. J'ai maintenant vécu autant d'années avec mon père que sans lui. Tout à coup une certitude. Ce serait profaner son souvenir que de vivre avec le boulet de son deuil plus longtemps que l'étendue de ma vie avec lui.

« La distance parcourue fut tellement grande que la chaîne qui te retenait à moi s'est brisée.
Je te rends donc ta liberté en te remettant tes ailes.
Tu peux enfin partir, même si c'est aussi me quitter.
Alors papa va ! Car moi aussi, je rentre enfin chez moi. »

— Extrait de *Puis... un ange passa*, mon dernier film.

Je suis donc désormais libre d'aller vers l'avant, de me trouver de nouveaux rêves à pourchasser pour peut-être, un jour, avoir d'autres histoires à vous raconter.

« Moi j'raconte des histoires
Des histoires que vous m'avez contées
J'les r'conte à ma manière
Mais tout seul j'peux pas les inventer
Car du fond de mon cœur
C'est vous qui parlez
Chu poète à mes heures
Mais surtout
Je sais vous écouter
Parler de tout. »

— Paul Piché

Post-scriptum

Côté professionnel, la Course peut vous mettre au monde... ou alors ressembler à toute une paire de forceps! Mais au retour, la vague provoquée par la Course semble capable de vous engloutir. Vous êtes épuisés et vous souffrez d'une puissante overdose d'échéances, de défis, de pressions. Comme soudainement tout le monde a des attentes bien précises de votre petite personne, j'ai ressenti ce besoin de prendre un peu de recul face à la vague. Oh, pas beaucoup! Juste le temps de quelques marées, histoire de ne pas manquer le bateau, quand même!

LETTRE D'UNE PROCHE

Bonjour Manon,

Je voulais te dire que je pense à toi (encore et toujours depuis ce mois de juin de l'an 95!), mais d'une façon plus spéciale aujourd'hui.

Un beau gros: "Joyeux anniversaire petite soeur."

Que ta journée soit agréable; qu'elle t'apporte des petites joies, de belles découvertes ou un repos paisible, physiquement si possible sinon en ton âme.

Si tu te demandes certains matins pourquoi t'être embarquée dans cette grande aventure qui peut ressembler à une galère parfois. Dis-toi, qu'à moi seulement, tu m'as insufflé le courage de viser haut, d'essayer, de risquer et d'y croire. Imagine aux autres!

C'est pas des blagues, je me sens meilleure depuis qu'on a reconnu tes talents! Je t'admire parce que tu as eu l'audace de rêver et d'entreprendre. Merci pour tous ces cadeaux. (En plus mes connaissances géographiques, politiques etc vont s'enrichir!)

Pour <u>ta</u> journée, je t'offre cette réflexion que m'avait donnée ma tante Mariette il y a quelques années. Je l'ai relue souvent, j'y puisais du réconfort.

"Après les tourments...
le havre de paix,
Après les larmes...
les éclats de rire,
Après les hésitations...
la confiance.
Pour rompre les amarres...
le vent de liberté;
Pour un nouveau départ...
l'envol."

Crois-y toi aussi quand tu vivras une de ces situations aux 4 coins du globe.

Je t'aime, je t'embrasse en te serrant très fort et Bonne fête encore! Johanne x x x

PHILIPPE DESROSIERS

Ces bulles hétéroclites, ces petits concentrés de vie pourront être lus en attendant l'autobus ou la fin d'un cours. Je me suis bien amusé. Servez-vous, il y en a pour tous les goûts.

Itinéraire

13 août	Mexico (Mexique)	avion (via Detroit)
18 août	Mazateca (Mexique)	autobus
20 août	Mexico (Mexique)	autobus
22 août	Toronto (Canada)	avion (via Detroit)
23 août	Paris (France)	avion
23 août	Londres (Angleterre)	train et bateau
28 août	Paris (France)	train et bateau
3 septembre	Bologne (Italie)	avion et train (via Venise)
13 septembre	Göteborg (Suède)	avion (via Paris)
23 septembre	Paris (France)	avion
24 septembre	Ouagadougou (Burkina Faso)	avion
6 octobre	Ouahigouya (Burkina Faso)	autobus
14 octobre	Ouagadougou (Burkina Faso)	autobus
18 octobre	Dakar (Sénégal)	avion (via quatre pays)
25 octobre	Paris (France)	avion
26 octobre	Istanbul (Turquie)	avion
27 octobre	Bucarest (Roumanie)	avion
6 novembre	Istanbul (Turquie)	avion
9 novembre	Almaty (Kazakstan)	avion
23 novembre	Semipalatinsk (Kazakstan)	avion
27 novembre	Almaty (Kazakstan)	avion
1er décembre	Hanoi (Viêtnam)	avion (via Moscou)
12 décembre	Ha Long (Viêtnam)	autobus
15 décembre	Hanoi (Viêtnam)	auto
19 décembre	Manille (Philippines)	avion (via Hong Kong)
28 décembre	Ifugao (Philippines)	autobus et jeepney
2 janvier	Bacolor (Philippines)	autobus et jeepney
4 janvier	Manille (Philippines)	autobus
8 janvier	Danao (Philippines)	avion et jeep
11 janvier	Manille (Philippines)	jeep et avion
12 janvier	Port Moresby, Papouasie (Nouvelle-Guinée)	avion (via Hong-Kong)
19 janvier	Fané (PNG)	avion
22 janvier	Angabanga (PNG)	avion et camion (via Port Moresby)
23 janvier	Port Moresby (PNG)	avion
24 janvier	Honiara (Îles Salomon)	avion
30 janvier	Malaita (Îles Salomon)	bateau
2 février	Honiara (Îles Salomon)	avion
4 février	Lagon de Marovo (Îles Salomon)	avion
14 février	Honiara (Îles Salomon)	avion
16 février	Brisbane (Australie)	avion
16 février	Sydney (Australie)	avion
18 février	Montréal (Québec)	avion (via Los Angeles)

« Le seul fait de rêver est déjà très important. Je vous souhaite des rêves à n'en plus finir et l'envie furieuse d'en réaliser quelques-uns. Je vous souhaite d'aimer ce qu'il faut aimer et d'oublier ce qu'il faut oublier. »

— Brel

POUSSIÈRE

Couché à la belle étoile au milieu du camp touareg, je repense à ma journée : mon baptême touareg, le thé de vie, de mort et d'amitié, le riz, le lait de chamelle chaud, la tempête de sable, les sourires... les poignées de main. J'ai l'impression absurde que je peux mourir, que je vais mourir.

Pendant la tempête, Tata, mon ami, me tient la main. Ses yeux plissés fixent le désert comme on fixe la mer. Son regard est dans un autre monde. Nous flottons entre deux mers de sable. Devant lui, ma caméra n'est qu'un jouet dérisoire. L'essentiel, c'est évident, se trouve dans le sable; il ne tient ni dans trois mots ni dans trois bibliothèques. J'apprivoise du bout du cœur cette douce dérive. J'attends la mort qui ne vient pas. Pas encore.

Couché au milieu des étoiles, j'ai l'impression que le temps a cessé de fuir pour une fois. Depuis quelques minutes, j'entends un rythme lent et sourd. Des éclats lointains me révèlent qu'il ne s'agit pas de mon battement cardiaque. Je secoue Ali, mon guide. Il émerge lentement de ses rêves. « Si ni rien Hmoudou, si li mariage touareg. »

- « Mariage touareg ! ? Où ça ? »

Mais Ali s'est rendormi. Je scrute l'obscurité à la recherche d'un indice. Au loin, une flamme danse. Je me dirige vers elle. À mesure que j'approche, elle semble s'éloigner. Mes pieds trébuchent sur des obstacles nocturnes. Enfin, le son du tambour se fait plus présent. Une voix chante une mélopée. Je sens mon cœur battre encore plus vite. La lueur du feu révèle une foule accroupie qui borde un rectangle vide. On semble se recueillir.

En face de moi, un vieillard lance une plainte dans la nuit. Derrière lui, un visage s'illumine : Tata. Il annonce mon arrivée à la ronde. Mon embarras est calmé par des mains, par dizaines, qui m'effleurent les bras, le dos, la tête. On me souhaite la bienvenue. Je reste quelques minutes à regarder le feu et à m'imprégner de cette atmosphère. Puis, soucieux de ne pas troubler une cérémonie dont je ne comprends rien, je retourne à la nuit. Le regard fixé sur les étoiles, je m'endors au rythme du tambour. Certaines nuits, il me semble que je l'entends encore. Mais ce n'est sans doute que le rythme de mon cœur.

Atmosphère
Faire un film sans atmosphère, c'est coller des mots sur la bouche des morts.
Bruit
J'ai parfois l'impression qu'il y a plus de bruit en dedans qu'en dehors de ma tête. Ça m'empêche de me boucher les oreilles.
Commentaire
Oui, comment?
Déficit
La Course, c'est savoir s'accommoder du manque de tout.

Compagnons de voyage

Nous formons un petit cercle. Quelques phrases font des vagues dans le silence. Les voix sont basses, les paroles douces. Le sourire de mon père, presque imperceptible, vient à ma rencontre. Ma mère me regarde fixement. Jean-Pierre m'inonde de sa confiance. Étienne et Emmanuelle se sourient d'un air entendu. Ils savent pour quelle folie je m'embarque.

Je ne suis pas sûr de croire en Dieu. Mais si un ami me confie une amulette, je la garde précieusement. Ce soir-là, mon amour et mon ami ont tous deux fait passer leur précieux porte-bonheur de leur cou au mien. La crainte de ne pas être à la hauteur de la poésie de l'un ou de l'audace de l'autre me suivra toujours. Mais ce soir, un sentiment de plénitude calme mes appréhensions. Ils voyageront avec moi.

Étincelle
Quelques portions d'éternité, et beaucoup d'emmerdements.
Femmes
Amour au féminin est très singulier.
Gazon
J'ai connu un barbier qui arborait un air vengeur. Peut-être était-il brin d'herbe de banlieue dans une vie antérieure.

Instantané. Lettre de mon père.
« Je pense à toi (maintenant, évidemment et souvent). »

Chutes

La Course commence. J'ai l'impression d'être cet oisillon qu'on jette hors du nid pour lui apprendre à voler. Je vois le sol approcher et regarde mes maigres ailes d'un air désolé en essayant de me repasser le mode d'emploi calmement.

En route vers le sol, je croise un déplumé qui chute lui aussi. Alex a quitté notre pays pour le Mexique à cause d'un trop-plein de tout. Il est le premier à me jeter ce regard un peu transparent : il voit le coureur en moi. Il écrit le premier chapitre de son premier roman et capture l'âme des objets avec son appareil photo. Nous nous trouvons des parentés. Nos univers respectifs se révèlent par bribes : mes appréhensions, ses malheurs, nos petits jours itinérants.

Au retour de mon tournage, Alex m'avait enregistré une cassette de musique triste. Le lendemain, veille de mon départ, la vie lui faisait une autre saloperie. Je lui ai laissé deux ou trois phrases incomplètes en guise de consolation.

La Course, pour moi, ce sera souvent ça : des effleurements pressés, des départs maladroits.

Hasard
À Hanoi, Marie-Noëlle et moi nous retrouvons au même endroit, devant le même sujet, au même moment, grâce à des individus qui ne se connaissent absolument pas.
À Istanbul, Natalie débarque à mon hôtel. Je la croyais sur un autre continent.
Au Kazakstan, je fais un film sur les conséquences des essais atomiques pendant que, sans le savoir, Linda cherche à obtenir un visa dans le but de venir y tourner le même sujet.
Au même moment, je rate un rendez-vous avec une femme qui a traversé la Mongolie à cheval sans savoir que Linda vient de faire un film sur elle.
Importance
Le rêve se fraie un passage dans les broussailles des petites habitudes.

Instantané. Lettre d'une amie.
« ... et surtout, parle aux étrangers. »

Allons donc.

Cinq degrés de séparation. C'est ainsi qu'on peut mesurer la distance entre Sid et moi. Ou, si on préfère, Sid est l'ami d'un ami d'un ami d'un ami de quelqu'un que je connais très bien. Voilà pour la question «Comment trouvez-vous des contacts partout au monde?»

Ainsi donc, Sid et moi ne nous sommes jamais rencontrés et, un beau jour, je débarque dans sa vie. Je sais qu'il a été dj dans une station de radio pirate; il pense que je suis journaliste. Je l'imagine petit, mince, portant des lunettes; il m'imagine l'air respectable, costard en prime. Nous avons rendez-vous à la sortie d'une station de l'*underground* londonien. J'ai les cheveux en broussaille, l'air un peu perdu, les mouvements gênés par mes 60 kg de bagages et les bien-pensants me dévisagent d'une drôle de façon. Je scrute attentivement la faune de cette heure de pointe dans l'espoir d'y repérer mon intellectuel à lunettes. Dans la jungle des cravates, seuls deux écueils sont contournés par la foule en mouvement : mon hirsute personne et un roc!... un pic!... un cap!... Que dis-je, un cap?... Une péninsule! Mon contact anglais n'est pas un homme. C'est un géant.

Sid, un colosse de près de sept pieds, était autrefois le batteur d'un groupe punk à la mode. Son prénom a été emprunté au célèbre vicieux des Sex Pistols et sa réputation était assise sur la violence qui caractérisait son style de jeu. À titre d'exemple, on raconte qu'il cassait en moyenne une demi-douzaine de paires de baguettes (incassables) par spectacle.

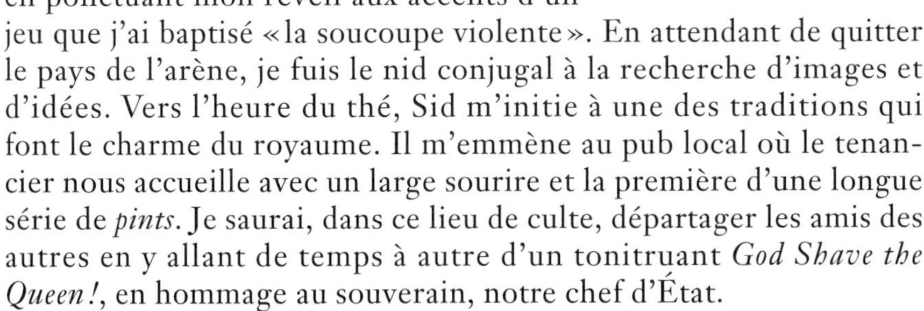

Aujourd'hui recyclé dans la composition de musique techno, il était, de prime abord, d'une affabilité charmante. En acceptant l'invitation d'aller habiter chez sa femme Zilla et lui, je ne sais pas dans quelle galère je viens d'embarquer.

Le matin, le charmant couple fait le bonheur des marchands de vaisselle anglaise en ponctuant mon réveil aux accents d'un jeu que j'ai baptisé «la soucoupe violente». En attendant de quitter le pays de l'arène, je fuis le nid conjugal à la recherche d'images et d'idées. Vers l'heure du thé, Sid m'initie à une des traditions qui font le charme du royaume. Il m'emmène au pub local où le tenancier nous accueille avec un large sourire et la première d'une longue série de *pints*. Je saurai, dans ce lieu de culte, départager les amis des autres en y allant de temps à autre d'un tonitruant *God Shave the Queen!*, en hommage au souverain, notre chef d'État.

Le souvenir de mes soirées londoniennes est un peu vague. De pub en *rave*, de *rave* en festival, j'apprends la signification de l'expression française «planer». J'ai un peu l'impression d'être attaché au nez d'un TGV lancé à pleine vitesse. Dans cette brume, il me semble toutefois distinguer les activités d'une station de radio pirate. Je crois aussi voir Sid, penché sur ses instruments, pendant que nous composons la trame sonore du film. La soirée dérive jusqu'à la nuit pendant qu'il encourage avec une ardeur croissante l'industrie nationale du malt et du houblon. Dans mon coin, je me cramponne le plus longtemps possible à chaque bière pour ne pas avoir à suivre la cadence. Tard dans la nuit, le géant, de plus en plus chancelant, finit par s'écrouler sur son clavier dans une cacophonie de fin du monde. À mon tour, je laisse rouler ma dernière canette sous le divan pour profiter de maigres heures de sommeil.

Oserais-je dire que pour faire la Course, il faut avoir *le* foie.

Junkie
Difficile de s'arrêter, de ne plus voir le tapis de nuages défiler sous ses pieds. Facile de se dépasser quand on s'est arrêté.
Kafka
N'aurait pas eu assez d'imagination pour inventer la bureaucratie de l'administration publique au Kazakstan.
Lenteur
À la fois interdite et indispensable. Une espèce de Fort Boyard perpétuel : « Fais ça vite, mais prends ton temps ! »

Instantané. Coquille dans la lettre d'une jeune spectatrice.
*« Je trouve que tu es un bon ciné**astre**. »*

Sous les ponts de Bologne

D'habitude, j'essaie de me libérer de mes préjugés avant d'entrer dans un pays. Pas dans le cas de l'Italie. Pour moi, c'est la mecque du café, des pâtes et de la *grappa*. Je sentais — avant même d'y mettre les pieds — des effluves d'huile d'olive et de basilic. J'avais décidé d'y voir des femmes sulfureuses et des hommes exubérants. Dès mon entrée dans la bottine souriante, il fallait que je sois accueilli par une espèce de Ricardo, pizza à la main, qui me chanterait *La Traviata !*

C'est donc un petit coureur frénétique qui entre au pays des merveilles. À peine débarqué à Venise (dont je n'ai rien vu), j'avale un espresso, puis un autre. Dans le train, un serveur, poussant le raffinement jusqu'à me parler en italien, m'offre une autre tasse de ce nectar. Et on osera encore prétendre que le Canada est le « meilleur pays dedans le maonde ». Vous avez déjà pris le train au Canada ? Vous avez goûté le café qu'on y sert ? Vous a-t-on servi en italien ? Bon. Ai-je besoin d'en rajouter ? À mon arrivée à Bologne-la-rouge, ma destination, j'ai varié un peu, optant pour le meilleur *caffè latte* que j'ai bu (après celui du Caffè Italia). J'avais, après tout, à attendre cinq minutes pour que mon contact arrive.

Quand paraît la charmante Giulia (amie d'un ami), je suis survolté. Attablé devant vous devinez quoi, je lui explique en long, en large, en profondeur et surtout en vitesse les raisons de ma visite. Au cours de l'explication, j'ouvre tous mes sacs pour lui montrer mon équipement vidéo, ma musique, ma paperasse et ma trousse de premiers soins en lançant à la ronde les éléments qui me paraissent moins essentiels. Je fais, défais et refais des dizaines de films sous ses yeux, accordant une importance démesurée au moindre détail dont elle m'alimente, gloussant de plaisir chaque fois que j'entends parler italien — j'ai beaucoup gloussé — et tournant la tête au passage du moindre insecte bolonais.

Plus amusée qu'effrayée par l'énergumène québécois, Giulia, et sa non moins charmante sœur Laura, décident de m'aider à réaliser mon petit film et deviennent mes amies. J'aurais pu me contenter de goûter l'Italie. Grâce à elles, j'y suis heureux. Par ici un *gelato*, par là un film ou un concert. Autant de petits bonheurs qui me restent.

La nuit précédant mon départ, je ne veux quitter ni l'Italie ni mes amis italiens. Nous errons tard dans Bologne endormie. Au détour d'une rue, Laura me prend la main et me murmure à l'oreille : « Tu veux aller à Venise ? » Je ne comprends pas. Venise est loin et je pars tôt le lendemain. Elle sourit et se contente de m'entraîner devant un grand mur percé d'une ouverture. Sur le volet de bois, une inscription, d'une main malhabile : « Piccolo Venezzia ». La petite Venise. Laura sourit de me voir intrigué et fait un petit signe du menton : « Ouvre. » J'ouvre. Mon regard plonge sur un canal bordé de façades auxquelles sont amarrées de petites embarcations. Au revoir Bologne, bonsoir Venise. Laura me tient encore la main, le silence n'est troublé que par le clapotis de l'eau.

Pendant une petite minute, je crois que j'ai été parfaitement heureux.

Instantané. Bologne.

Je passe tous les jours devant un noyé amarré à un tout petit kiosque de pacotilles. Ses cheveux gris et sa barbe sont toujours parfaitement coiffés, ses yeux bleus sont ailleurs.

Je m'amuse à bâtir des scénarios autour de sa personne. Chaque jour, il a de nouvelles peines et un nouveau passé : aristocrate déçu, pirate échoué, cambrioleur repenti ou simplement amant abandonné. Par un plaisir pervers de connaître son véritable malheur, je me décide un jour à l'aborder. À ma première question, il répond : « Roussia », puis à la seconde : « Psikologuia professor ». Je n'ajoute rien. Nous fixons ensemble ses vieilles chaussures pendant de longues minutes. M'arrachant à grand-peine à sa tristesse contagieuse, je pointe une montre soviétique pour lui manifester mon intention de l'acheter. Maladroit, j'ajoute : « Mi tou, psikologuia professor ». Son regard me reproche de l'avoir transformé en mendiant. L'argent est empoché. Il ne me reste qu'à dériver hors de sa vue. Ma montre cesse de fonctionner peu après. Je la garde avec moi pour me rappeler qu'à tout moment, le temps risque de s'arrêter.

Merci
Un bon contact vaut dix bons sujets. Merci à Sergio et Marcelo au Mexique, Sid et Zilla à Londres, Laura et Giulia à Bologne, Robert en Suède, Louise, Ali, Tata, Dominique et Mme Maïga au Burkina, Gilles à Bucarest, Ted, Sébastien et Olivier au Kazakstan, la famille Larochelle, Pascal et Velours de rose à Hanoi, Louise, David et Rosalie aux Philippines, Francis en Papouasie, Ali et Peter aux Salomon et Nicole à Sydney.
Nescafé
Dans les pays producteurs de café, au visiteur on offre le meilleur : de l'instantané.
Odeur
Ce qui manque à mes films, plus qu'un meilleur cadrage ou une meilleure musique, ce qui leur manque le plus, c'est l'odeur.
Putasser
La plaie plaît.

Instantané. Suède (note à Pierre).
*PORTRAIT ROBERT HAPPE-**STOP**-ANCIEN PILOTE BOMBARDIER ALLEMAND IIe GUERRE-**STOP**-PRISONNIER ENSUITE SIBÉRIE-**STOP**-HISTOIRE VIE REMPLIRAIT SÉRIE LONGS MÉTRAGES-**STOP**-PASSÉ 10 JOURS AVEC LUI-**STOP**-SAIT ABUSER BONNES CHOSES-**STOP**-4e CAMÉRA FOUTUE-**STOP**-SUÈDE COMME VOLVO-**STOP**-BEAU, PROPRE, SÉCURITAIRE, EXORBITANT-**STOP**-ABUSE-TOI BIEN - **STOP**-PHILIPPE*

Noire Sœur

« Aminata, ma sœur, deux océans nous séparent.
L'un de sable et l'autre d'eau.
Deux océans nous séparent.
L'un de sueur, l'autre de sang.

(...) Je suis d'un autre monde,
Tu es un autre continent. »

— Extrait de *Noire Sœur, Burkina Faso.*

L'enfer

Bucarest (Roumanie). Début novembre 1995.
Émission 128 (spécial "Enfants du monde")
Film nº 9 : Noyades.

À Bucarest, le ciel est gris, mais, même si y gèle, y a pas la décence de neiger. Y pleut, y humide, y sourire pas souvent sacrament... La ville prend tout son sens sur fond musical de « Rage Against the Machine ».

[...] Ça fait deux semaines que je traîne c't'ostie d'putain d'film du tabarnak. Deux semaines pendant lesquelles j't'allé voir si le baril de ma Course avait un fond. J'pense qu'y en a un. J'pense que j'me suis pété la face dessus.

[...] C'est un film qui m'a sauté dans la face, occupé, habité, poursuivi, donné mal au cœur, remis en question. J'suis pas allé jusqu'au bout de moi. J'ai pas été capable. Mais maintenant, j'sais c'est par où. Le film s'impose à moi. Il m'a choisi. Il me garde le nez dedans.

[...] Merde, Pierre, c'que j'veux surtout dire, c'est que j'ai la chienne. J'essaie d'être le plus intègre possible. J'veux fouiller dans le fond. Sortir les affaires belles pis les affaires laides. Mais j'ai l'impression qu'en sortant les affaires laides, on va me trouver laid. Comprends-tu ? Peux-tu imaginer le mouvement de recul qui me prend quand je me rends compte que je suis à poil ? Le haut-le-cœur quand j'imagine qu'on puisse prendre ça pour de l'exhibitionnisme ? Des films comme celui-là me possèdent et me dépossèdent.

[...] C'est par où qu'on trippe ? C'est par où qu'on rencontre des gens formidables, qu'on tente une aventure ? Par où la liberté ? En parlant des gens, dans la Course, on parle d'abord de soi (ou alors, j'ai pas compris). Là, je décide de le montrer explicitement. Mon indignation rock'n roll. L'horrible ironie d'être seul dans la ville. Mon impuissance, mon insoutenable regard. Si tu regardes bien certains plans, je cogne ma caméra dans la face des enfants que je filme. Pas fort, mais sacrament, je leur ai quand même crissé ma caméra dans la face ! C'est-tu ça le boutte de ce qu'on peut faire ? Pis en même temps, je trouve ça plus respectueux que de filmer au téléobjectif. Ça a le mérite d'être clair.
C'est-tu possible d'être intègre et impudique ? De se livrer ? Et d'avoir le courage de plonger la fois d'après ? Nat me disait que ses

rares moments de bonheur sont liés à des plongeons. Les miens aussi. Plongeons?
Tite bine. Philippe.
—Extrait des notes envoyées à Pierre Therrien.

Instantané. Au-dessus de la Sibérie (carnet).
En bas, le sol me semble fait pour être touché du doigt. À ma droite, un homme dans la quarantaine dort. La barbe commence à colorer son visage un peu rond. J'imagine bien des lèvres d'enfant venant se poser sur cette joue. J'imagine aussi qu'il s'appelle papa dans une langue que je ne connais pas.

L'essentiel

Il fait un peu froid. Je suis debout au milieu des steppes du Karaganda au Kazakstan. Mon film m'habite. Il me semble que le stress accumulé peut me faire éclater à chaque instant. Je fais avaler à ma caméra les plus beaux paysages de ma Course, des paysages qui évoquent le lent passage du temps, le mûrissement et qui imposent un silence respectueux. Ironiquement, ma pensée est toute tournée vers l'éphémère: durée de vie des batteries, espace restant sur les bandes magnétiques, le montage d'hier, les appels de demain. Je crie des secondes, l'écho me renvoie des siècles. Soudain, une idée me fauche et m'oblige à m'asseoir. Mon rêve, mon inaccessible étoile, mon Graal à moi est sous mes pieds et devant mes yeux.

Pour que mon rêve porte un nom, je l'avais appelé Kazakstan. Submergé par la préparation d'avant-Course, il avait fallu que je fournisse rapidement une longue liste de pays à visiter. Pour conjurer l'absurde de cette situation, par boutade, à cause de l'attrait que présentent les nouvelles frontières et parce que, dans mon Scrabble imaginaire, il vaudrait une fortune, j'avais choisi ce bout du monde. Maintenant, le rêve s'enfonce dans la mesquine réalité; je le traverse les yeux bandés.

Un peu hébété, je repense à cette heure qui a précédé la première entrevue de sélection pour la Course. Intimidé par mon Everest, j'avais demandé à la serveuse d'un petit café où j'ai mes habitudes: «Mademoiselle, doit-on se contenter d'effleurer le rêve du bout du doigt ou faut-il l'empoigner à pleine main?» Elle m'avait répondu: «L'empoigner, bien sûr.» Mais son sourire aurait suffi à m'enseigner que, pour l'essentiel, il faut refuser les compromis. C'est à partir de ce moment, je crois, que ce conseil est devenu mon credo. Depuis la steppe du Kazakstan, la caméra est accessoire à mon œil. C'est là que j'ai compris que le rêve doit survivre à la réalité.

Quiproquo
Les notes et les commentaires des juges voyagent mal. Ailleurs, il n'y a que moi que je puisse dépasser. La course de chevaux est à Montréal.
Relativité
Égrener les certitudes et les regarder faire des ronds dans l'eau.
Souvenirs
La mémoire est une pute au grand cœur.

Noël gris

Miguel, mon frère, devait passer Noël avec moi au Kazakstan. C'est lui qui m'a montré la Course du doigt. Nous nous sommes encordés et avons entrepris l'ascension ensemble. La Course l'a boudé, je suis un peu tombé avec lui. Avant mon départ, nous avons bu ensemble un château Chasse-Spleen qui aurait encore pu vieillir quelques années.

La petite mort

« D'abord, j'ai cherché le signe d'un ailleurs heureux.
Qui me permette de supporter aujourd'hui et d'espérer demain.
Et puis, le rêve s'est dressé à la portée du doigt.
Partir,
à la recherche d'une étincelle commune.
Ne plus vivre sous l'attente.
Chercher le filet de larmes à la source des cascades de rire.
Je ne voulais pas mourir sans avoir vu les montagnes qui ont vu.
Ne pas mourir de ne pas assez vivre ou de ne pas avoir le choix.
Pas mourir de foule, ou de solitude.
On peut mourir de confort, j'ai essayé.
Et de petite braise, et de manque d'instants.
À force de manque d'instants, le cœur s'assèche.
Et au moment des recommencements, les larmes ne viennent plus.
Puisque, pour aller plus haut, il faut viser devant.
Puisque c'est à l'ombre du verbe qu'on trouve le complément.
Je suis parti, voir les montagnes qui ont vu.
Dans l'espoir qu'elles me racontent.
Qu'elles dissipent l'ombre des doutes.
Et elles m'ont parlé :
Patience. »

—Huitième film, *Kazakstan*

« Vous aurez remarqué que c'est mon expression favorite, partir. »
—Émile Ajar, *L'Angoisse du roi Salomon*

LETTRE D'UN PROCHE

Ma Course de Philippe...

La Course de Philippe, c'est un peu la Course que nous n'avons pas faite. Ou plutôt celle qu'on s'est faite dans nos têtes durant la sélection. C'est le rendez-vous manqué qu'on s'était donné pour passer Noël au Kazakstan.

Ma Course de Philippe, ça ne se passe pas à la télévision ; pas en direct du moins. C'est plutôt une affaire de «Comment y va ?» jetés à sa mère, à sa blonde.

La Course de Philippe, c'est pas au show du dimanche que ça se passe, ni avec les huit. C'est le petit samedi, chez ses papa-maman, avec ses films en rafale, et en répétition.

La Course de Philippe, c'est notre Course, sauf qu'il fallait bien qu'il en reste un pour surveiller l'autre s'envoler.

Miguel Legault

Trois soupirs, deux pauses

Dans la Course, je suis rarement seul, mais je me sens souvent tout seul. Enfermé dans un monde à part, j'oscille entre la frénésie du tournage et l'état de claustration dans lequel me plonge le montage. Après quelques mois d'alternance rapide de mes états émotifs et physiques, j'ai un peu de difficulté à m'adapter à ma vie de yo-yo. En général, les gens qui m'entourent ne comprennent pas ce qui m'occupe. Même les anciens coureurs que je croise jettent sur moi un regard mêlé de surprise et de nostalgie. C'est pourquoi, quand j'apprends, à la mi-Course, que Stéphane Lapointe se trouve sur mon parcours, je saute de joie. Lui saura sûrement me comprendre : il vit les mêmes choses que moi, il trébuche aux mêmes endroits, il..., il... Et si ce n'était pas le cas ? Si Stéphane vivait une course différente de la mienne ? Plein d'espoir et d'appréhension, j'arrive à Dakar, en pleine nuit. Il me saute pratiquement dans les bras. Nous parlons jusqu'au lever du jour. Contre toute attente, c'est moi qui doit le convaincre d'aller dormir. À ce point de la Course, j'ai environ trois semaines d'avance sur mon horaire. Je me paie le luxe de le suivre dans ses tournages et de le traîner à la plage. Je n'ai jamais tant ri, et quand la nostalgie me gagne, c'est souvent quand je pense à cette semaine passée avec lui.

D'ordinaire, je travaille comme un forcené. J'entretiens la conviction étrange que chaque heure de loisir enlève des qualités à mes films. Rétrospectivement, ce raisonnement me paraît absurde. Marie-Noëlle, elle, l'a compris pendant la Course. Elle débarque à Hanoi, où Stéphane et moi nous sommes retrouvés, et nous donne une leçon de savoir-vivre. Réservation faite, nous embarquons, à son initiative, à bord d'une péniche louée. Pendant deux jours, sur cette embarcation, plus de Course ni de continents. Seulement le plaisir d'être ensemble et de regarder le soleil se coucher sur un des plus beaux paysages du monde : la baie de Halong.

Instantané. Philippines (note à Pierre).

« Les cheveux longs, la barbe, le visage maigre, les yeux bleus, ma foi (sic), je commence à avoir l'air du crisse (à ressembler au Christ, veux-je dire, celui du film, bien entendu). L'autre jour, dans la montagne, je traverse un petit village à pied et aussitôt une procession d'enfants se met à me suivre en criant « Jesus..., Jesus... ». Je me retourne et crie : « I'm back ! », « Have you been good ? », « Praise me ! » et toutes sortes de conneries du genre... D'autres fois, c'est franchement hallucinant ! J'entre au resto, tout le monde arrête de manger et se tourne vers moi, bouche ouverte. Le personnel de cuisine se presse dans l'ouverture pour voir l'apparition et la première phrase de la serveuse est : "Vous savez, vous ressemblez beaucoup à...

- Oui, je sais, je sais."

Mais le truc infaillible pour dissiper le malentendu, je l'ai trouvé hier : je fais du bruit en mangeant ma soupe. Bizarrement, personne n'imagine Jésus faisant du bruit en mangeant sa soupe. »

Trop
J'ai parfois de l'intolérance dans les articulations et du sarcasme dans les extrémités.
Unilinguisme
« Welcome to the Canadian Embassy, may I help you ?
- Oui, j'aimerais parler à un représentant de mon pays.
- *I'm sorry Sir, I don't understand.*

Chez les Papous...

Tous les huit, assis côte à côte, nous arborons le même air surpris. C'est que, pour la première fois, nous signons des autographes et commençons à prendre conscience de la taille de la machine dans laquelle nous nous sommes embarqués. Dans la foule des curieux venus voir les futurs globe-trotters, un jeune homme, l'air pressé, se plante devant Stéphane. « Est-ce qu'il y en a un d'entre vous qui va en Papouasie ?

- Euh... Philippe, j'pense.
- C'est qui ? »

Il se tourne vers moi et, pratiquement sans autre forme de présentation, me demande mon numéro de vol et la date de mon arrivée. Le temps que je fouille dans mes affaires, il m'a déjà tendu un bout de papier sur lequel est inscrit son numéro à Port Moresby, la capitale du bout du monde. Il m'annonce ensuite, sur un ton naturel, qu'il m'attendra, cinq mois plus tard. Mon sourire hébété répond à une ombre. Francis est déjà disparu.

Port Moresby, c'est la jungle humaine. Je lis, un peu avant d'arriver, qu'on la considère comme étant la ville la plus dangereuse au monde pour les étrangers. La tension y est à couper au couteau. Je soupçonne qu'elle y soit parfois aussi à percer par balles. Dans aucun autre lieu, je ne me suis senti aussi tendu. Mon premier motel offre tous les avantages des grands hôtels. Fenêtres cadenassées et grillagées. Prostituées à l'étage et *live entertainment* comme en témoignent les cris et les bruits de vitre cassée. Pour la première fois, j'ai envie de reprendre l'avion immédiatement. Heureusement, comme promis, Francis apparaît.

Nous sommes tout de suite amis. Je parle beaucoup, il écoute attentivement. Ses yeux me renvoient l'image d'un coureur épuisé, à la merci des événements, mais pas fou. Il attend un peu avant de me parler du cambriolage mensuel dont il est victime dans la maison où il habite. Il ne me parle pas non plus du revolver qu'on lui a braqué sur la tempe, le mois passé, ni du projet agricole qui ne veut pas démarrer. Grâce à lui, je me retrouve debout, sujet en main.

Au retour de mon tournage dans les nuages, je suis un peu plus moi-même. Quand un individu louche m'aborde pour m'offrir un paradis de poudre ou de chair, je lui réponds que l'église ne nous autorise pas, membres du clergé, à nous élever autrement que par la prière. Le doute subsiste assez longtemps pour que je me pousse en douce. Je retrouve aussi Francis dans son coin de Papouasie et il me fait visiter les installations du projet qui stagne depuis son arrivée. Nous cimentons le lien qui s'était installé. Mon livre de Garcia Marquez reste entre ses mains, je repars avec son *Road Apples*. En vrais mecs, nous nous disons au revoir sans trop d'effusions. Depuis mon retour, je me prends de temps en temps à m'inquiéter pour lui.

NATURE

Salut Philippe !

Eh oui j'ai fait mes adieux aux Papous avant d'y laisser ma peau et j'ai dit allo à la Colombie-Brittanique où je plante des milliers de petits arbres dans un superbe décor !

Francis

Instantané. Extrait d'une lettre d'Emmanuelle.
« Revenir de la Course, c'est un peu comme apprendre qu'on a attrapé le sida. On doit tout rebâtir en fonction d'une vie plus courte, tout recommencer à zéro... Imagine la chance que tu as! »

Vampire
« Vous ne pourriez pas pleurer un peu plus fort SVP, c'est pour la télé canadienne. »
Whisky
Une flacon de scotch par destination; pour laisser une trace, pour conjurer le spleen, comme accessoire de noyade.

Instantané. Sur une route des Philippines (carnet).
Le soleil fait des myriades de petites étoiles dans le plexiglas qui sert de vitre à l'autobus. Je distingue à peine le lent défilé des montagnes. Au-dessus d'elles, le ciel est fou. Des messes de Bach dans les oreilles. L'autobus est baptisé le Almighty God. Je voyage à bord du Dieu tout-puissant. Excellent.

Le paradis

Lagon de Marovo (Îles Salomon). Début février.
Repos de quatre jours (notes de calepin)
« Ce matin, le chat était parti. Il a dû sauter à l'eau au lever du jour. J'ai vu apparaître un nouveau poisson : très effilé, le bec en clarinette, tête turquoise, queue bleu ciel. Ils voyagent en bande. Les innombrables petits poissons argentés sont toujours là, en bas de la galerie. La nuit, ils lancent des éclairs bleus. Comme si on avait immergé une guirlande de Noël. Parfois, quand un gros poisson attaque, ils sautent tous hors de l'eau en même temps. Quand ils retombent, on dirait la pluie. Le gros poisson fait un bruit de caillou. Un papillon passe de temps en temps. Quand le soleil est là, l'eau est vert bouteille, jaune soufre. Plus loin, différentes teintes de bleu. Le vent souffle depuis hier soir. Je suis enveloppé d'un bruit de vent. Délicieux. On dirait la forêt à la fin de l'automne.

[...] Quelle chance j'ai de pouvoir m'arrêter en fin de Course. Quelle chance de pouvoir laisser mon corps se décrisper, de lire quelques mots sans contrainte. Comme mon corps n'est pas convaincu de la réalité de cette pause. Comme il croit qu'à tout moment, il devra faire un saut de côté.

[...] C'est étrange de penser que je puisse être écouté. Je ne me reconnais que des balbutiements maladroits. Il faut une bonne dose de prétention pour ouvrir la bouche, mais il faut s'en libérer pour toucher les gens.

[...] Il me reste à apprivoiser le silence et la complicité, la tristesse et la mélancolie, la simplicité. Il me reste à respirer, à laisser aller les choses. Et puis à ponctuer, à apprivoiser le malaise, à prendre les larmes. À bâtir sur du blanc et à égratigner les surfaces lisses.

[...] Il bruine un peu. J'entends une pirogue accoster. L'île est encore moins déserte. Je me lève pour trouver à la porte un très joli oiseau des îles qui vient me demander si j'ai besoin de quelque chose. La lueur de la lampe me permet de voir la crête de ses cheveux blonds et bouclés. Son visage sombre se perd dans la noirceur. En lui mentant un peu je lui réponds que non, je n'ai besoin de rien. Les oiseaux des îles sont plus beaux sur une branche qu'au creux d'une main. J'ai peine à me rendormir.

[...] Ça fait quatre jours que j'ai quitté la capitale. Quatre jours que j'ai condensés en une éternité. À regarder la Lune se lever et le soleil se coucher. Quatre jours d'immobilité. À écouter le vent et la pluie, et regarder passer les poissons. À écouter aussi, attentivement, les paroles de quatre amis : Prévert, Poulin, Bresson et Rilke. À laisser sortir les mots quand ils en ont envie.

[...] Ce soir, c'est une lune douce qui me dit au revoir. Ma dernière pleine lune de Course. En toile de fond, le bruit des vagues, une légère brise, le chant des insectes et les mille écailles d'argent qui me parlent de ma sœur, la Lune, à la surface de l'eau. »

Instantané. Ailleurs.
(Conversation téléphonique avec ma mère)

« Je ne me sens pas compétent pour affronter la vie.
- Peut-être que ça ne s'affronte pas, la vie... »

Xénophobe
Ça fait du bien d'être étranger de temps en temps.
Yankee
« Donnez-moi un rêve moyen. C'est pour emporter. »
Zygomatiques
et lacrymales sont les mamelles du coureur.

Fin et suite

Il reste deux jours de Course. Je ne veux pas que ça s'arrête. Je veux continuer de vivre intensément, saisir l'instant. J'ai envie de boire sans prendre le temps de respirer.

Il me reste plusieurs images à capturer mais je me heurte à une interdiction de tourner à Montréal. J'ai beau argumenter sur le fait que le sujet est difficile à tourner à l'étranger, rien à faire. La boss, Monique, reste intraitable : personne ne filmera à Montréal...

«Allô, mademoiselle, vous êtes bien l'amie de la fille d'une dame que j'ai rencontrée en Afrique ? J'aurais un petit service à vous demander... On peut se rencontrer ? Au Tropicana ? [...] Dans trois heures, euh... d'accord.» La seule personne dont j'ai le numéro de téléphone habite Sydney. Je viens d'atterrir à Brisbane, 800 km plus au nord. Pas de problème, les avions, c'est fait pour ça.

Notre rencontre mérite trois étoiles dans la catégorie *La fois où j'ai eu l'air le plus fou.*

«...Oui, c'est un film... la seule petite chose c'est que... enfin, euh, tu... euh, je voudrais te filmer, mais euh... tu... c'est difficile à expliquer... Faudrais que tu euh... que tu aies moins de... euh, moins de euh... vêtements...»

Vous imaginez la suite : la fille capote un peu. J'explique avec le plus de conviction possible. Elle se calme, re-capote, se décide, change d'avis. J'en remets un peu, sors le livre de la Course avec ma photo dessus, joue du violon, etc., etc. Pour tout vous dire, je me sens un peu Elvis Gratton : «Non, non, tu comprends pas, un film AR-TIS-TI-QUE». Après deux faux rendez-vous entre lesquels je me découvre des talents de virtuose de la corde sensible, Nicole finit par accepter en échange — c'est bien normal — d'une tonne de preuves et de garanties. Je n'utiliserai en définitive qu'une dizaine de secondes des images que j'ai tournées avec elle.

Pendant la Course, j'ai parfois eu l'impression que le temps ne s'écoulait pas de la même façon que d'habitude. Pour la dernière journée, c'est encore un peu plus vrai.

MYTHE N° 4 : IL FAUT COUCHER AVEC QUELQU'UN QUI A FAIT LA COURSE POUR POUVOIR ESPÉRER LA FAIRE À SON TOUR.

Vrai, et préférablement sortir avec elle pendant au moins quatre ans.

Anatomie de ma journée de 38 heures.
0 h : fin du tournage avec Nicole.
1 h : visionnement des *rushes* pour qu'elle s'assure que je n'ai pas volé d'images « osées ».
2 h : elle tient absolument à me présenter à sa meilleure amie... qui travaille à l'autre bout de la ville.
4 h 30 : je fais mes bagages.
5 h : je coule à pic dans le sommeil.
9 h : déjeuner sur le pouce; je règle ma chambre et confirme mon vol.
10 h 30 : rencontre avec Nicole dans un café.
11 h 30 : tournage de visages de passants au centre-ville de Sydney.
13 h 30 : départ pour l'aéroport.
14 h 45 : enregistrement des bagages.
15 h 30 : tournage de visages dans la zone internationale et achat de souvenirs.
17 h : départ en direction de Los Angeles. Pendant le vol : début de l'écriture du texte, visionnement des images tournées à Sydney, *shot list*, révision de la structure et début du travail sur la bande son. Sommeil. Réveil en sursaut deux heures plus tard : « Merde, j'ai dormi. »
Midi : j'arrive avant d'être parti. N'est-ce pas merveilleux le décalage horaire ? À l'arrivée, Natalie m'attend avec un bouquet de ballons, une baguette magique et un certificat de survie à la Course. Nous nous sautons dans les bras. Je lui avoue, un peu embarrassé, qu'il me reste du tournage à faire. Elle me fait un clin d'œil et me répond qu'elle se trouve dans la même situation. Nous courons dans tous les sens, caméra à la main, pour prendre nos images et nous engouffrons dans l'avion, à temps pour qu'on nous referme la porte sur les talons.
14 h : à peine assis, je ressors ma caméra. Pendant toute la durée du vol, je me maquille et me démaquille, me filmant sous tous les angles, au prix d'invraisemblables contorsions devant l'air ébahi des passagers et l'œil amusé de Natalie. Elle m'arrache à ma frénésie le temps de me montrer le Grand Canyon. Le visage écrasé contre le même hublot, nous poussons des Oooh ! et des Aaah ! qui contribuent à nous faire passer pour des énergumènes exaltés.
22 h : au moment de l'atterrissage, il me reste pour environ 15 minutes de tournage. Je suis évidemment le seul à crier de joie lorsque le commandant annonce que nous sommes retenus en bout de piste en raison d'une crevaison.
22 h 30 : nous sommes les derniers passagers à sortir de l'avion. Derrière les portes, nos amis, notre famille et la gang de la Course nous attendent. Devant l'œil étonné d'un douanier, nous nous sommes arrêtés. Notre regard trahit une lueur d'inquiétude. Plus que derrière n'importe quelle porte de n'importe quel aéroport, c'est l'in-

connu qui nous attend. Sans parler, nous nous prenons la main et plongeons ensemble.

Instantané. Et après...

Cet automne, j'enseigne. Après, on verra. J'aime bien les paysages brumeux. J'ai envie d'apprendre le cinéma et la radio. D'écrire plus. Je voudrais aussi être astronaute quand je serai grand. Mais j'ai peur du vide.

Sans temps

La nuit,
Tu attendais la nuit pour venir me tourmenter,
Réclamer mes caresses, rappeller mes promesses.
Je t'écoutais alors, les yeux grands ouverts,
Parler de beautés prochaines et des regards d'ailleurs.
Prétentieux, je t'ai appelé; orgueilleux, je t'ai souri.
Je t'ai promis de t'aimer mieux, ou plus, ou autrement,
Et toutes sortes de mensonges qu'on profère quand on veut être aimé.

[...] On s'est aimé, bien imparfaitement,
Chacun sa solitude, chacun son entêtement.
Les petites trahisons, les infidélités.
Mais c'est toujours comme ça, n'est-ce pas, Course?
Les pires relations sont aussi les meilleures.
Pour aimer, on se précipite,
Alors qu'il suffit de s'arrêter.
Ce sont les accalmies qui resteront plutôt que les débordements.
Les soupirs, pas les hurlements.

[...] Je t'aime, Course,
Mais je te quitte,
Avant que tu m'abandonnes.
Je laisse à d'autres la lueur de tes yeux.

[...] On se serre sans serres,
On se sent sans sang,
On s'insère sans heurts,
Et on erre sans temps.

—Extrait du film-bilan.

« On met beaucoup de temps
on fait beaucoup de pas
pour revenir apprendre
qu'on s'en venait chez soi »

—Gilles Vigneault

LINDA LAMARCHE

« Pendant la Course, il y
avait foule devant, dehors,
dedans. Celle du dedans
avait les yeux au miroir.
Ça a provoqué chez moi des
sentiments plus étranges
que les pays traversés.
Insondable profondeur,
moments uniques,
tant d'autres choses.
De toute façon,
la Course, ça ne s'explique
jamais tout à fait... »

« AH j'pense que j'veux pu y aller... » MOI – ANGOISSÉE...
« ENWOÈYE À MAISON! » – THERRIEN – en pointant l'avion!!

Itinéraire

13 août	Dorval-Vancouver	avion
13 août	Vancouver-Tokyo-Narita	avion
21 août	Narita-Peking	avion
21 août	Peking-Ulan Bator	avion
15 septembre	Ulan Bator-~~Irkutsk~~ PÉKIN	avion
~~12 septembre~~	~~Irkutsk-Novosibrisk~~	
17 SEPTEMBRE ~~septembre~~	PÉKIN ~~Novosibirsk~~-Urumqui	avion
18 septembre	Urumqui-Kashi	avion
2? septembre	~~Kashi-Urumqui~~	~~avion~~
~~1er octobre~~	~~Urumqui-Islamabad~~	~~avion~~
~~5 octobre~~ 16 oct.	Islamabad-Lahore → AVION	
19 octobre	Lahore-Delhi	avion
26 octobre	Delhi-Dubai	avion
4 novembre	Dubai-Téhéran	avion
13 novembre	Téhéran-Damas (SYRIE)	avion + DAMAS-BEYROUTH EN TAXI... l'HORREUR!
3 décembre	Beyrut-Amman – CASABLANCA (MAROC – ESPAGNE) — TRAIN +	avion
27 décembre	Madrid-Miami	avion
27 décembre	Miami-Buenos Aires	avion
18 janvier	Buenos Aires-Ushuaia (TERRE DE FEU)	avion
25 JANVIER ~~février~~	Ushuaia-Buenos Aires	avion
6 février	Buenos Aires-Miami	avion
6 février	Miami-Mexico	avion
12 au 15 FÉVRIER	MEXICO-SAN CRISTOBAL (CHIAPAS) →	AVION
17 février	Mexico-Toronto	avion
18 février	Toronto-Dorval	avion

MA FÊTE MA FÊ-T-E!

Le plus beau jour entre ciel et TERRE!

JE L'AI SU APRÈS MAIS C'ÉTAIT LE 1er VOL DU PILOT DE « MIAT MONGOLIA » ET MON SIÈGE N'AVAIT MÊME PAS DE CEINTURE DE SÉCURITÉ!

J'ai même failli le rater – Merci du chinois de l'aéroport... Qu'aurait été ma course sans la Mongolie?!

Pas de Russie mais, j'ourai cheval avec CATHERINE WARIDEL

KARAKORAM HIGHWAY

DÉPART en BUS de KASHGAR, CHINE au PAKISTAN en AUTOBUS (2 JOURS) jusqu'à KARIMABAD + un jour jusqu'à ISLAMABAD

pied de nez de l'agence de voyage « HAN-HAN ... je savais qu'y en avait une Route!!! »

en 1ère CLASSE, oui, monsieur! Pis ÇA FAISAIT BEN DU BIEN!!

YE! Let's get out of HERE! Olé!

JE DEVAIS VRAIMENT AVOIR L'AIR CONVAINCU PARCE QUE PERSONNE NI MOI C'EST RENDU COMPTE QUE JE PRENAIS L'AVION UN JOUR EN AVANCE C-À-DIRE LE 17!!!...

4HRS D'ATTENTE, je dors sur les bancs pour ne pas penser que je reviens...

ouen... PAS MAL MOINS EXCITANT!

Je l'ai réalisé quelques jours plus tard quand je n'arrivais plus dans mon décompte et mes dates d'échéances!!

MAL DE TERRE

« Le voyage emprunte toutes sortes de routes et surtout celles qui surprennent au détour. Un jour, deux nations ont décidé de s'unir et de désunir les empires voisins. D'un fil de soie, elles ont tissé une « route stratagème ». Mais lorsqu'on n'est ni empereur ni puissance, le piège n'a pas de sens, la route reprend alors tout le sien.

Cette route est née de la mort de milliers d'hommes, mais les chemins, quels qu'ils soient, ont un profond besoin d'exister.

Ligne au destin forcé dans le vertige asiatique, motif difficile dans la toile de l'Orient, tu t'accroches aux parois de la Terre quand celle-ci tente de te supprimer. Elle t'avale, t'efface. Tu résistes, persistes. Tu refuses de te faire oublier quand vient le temps de t'abandonner. Tu coupes le souffle, t'essouffles. Comme une œuvre à laquelle on demanderait de se justifier.

Y a trop de routes qui semblent inutiles. Pourtant, l'inutile m'est nécessaire. Vieille route de la soie, imprévisible aventure, tu te redessines dans mes pensées.

Pendant six mois, j'ai vu si souvent la Terre à vol d'oiseau. C'est vrai qu'elle paraît plus douce, plus belle, comme la vie lorsqu'on a des ailes. Tout le monde rêve d'avoir des ailes... mais moi, moi j'rêve d'avoir des racines.

Ligne de vie, ligne de soi, t'es née du ventre de l'Orient. J'ai en moi un peu de ton mystère, un peu de ton vent. À toi je me couds, m'entrecouds, mais c'est avec moi-même que je renoue. »

— Extrait du film *Mal de Terre* tourné sur l'autoroute du Karakoram entre la Chine et le Pakistan.

Intro : version

Montréal, 7 juillet 1996.

Je voudrais une ligne droite, une montée, un jet. Un flamboiement qui subjugue la pensée. Mais je n'ai que les mots de mon vécu : un cheminement qui progresse toujours vers le centre. Une ouverture. Un flot. Une inspiration qui remonte au cœur.

Dans un souffle : la Course.

PAR ORDRE DE PULSIONS

Nouveau : départ.

Un matin d'octobre 1990, je suis partie comme on part chercher du lait au dépanneur du coin. Depuis longtemps, j'y songeais, j'en parlais. Ce jour-là, j'ai dit une dernière fois au revoir à ma mère ; mon père était au travail. J'ai pris l'autobus Saint-Hyacinthe–Montréal, puis une voiture en direction de Vancouver. J'avais décidé d'aller vers l'ouest, toujours vers l'ouest et dans cette perspective, faire, comme on dit, le tour du monde.

Le 26 décembre 1993, j'étais allée à l'ouest de tous les pays que je voulais. Je suis rentrée chez moi par l'est, par où le soleil se lève, à la veille d'une nouvelle année, et sans le savoir, à la veille de recommencer...

Quelque 38 mois d'exil semblaient avoir assouvi mes instincts de nomade. J'étudiais alors le chant avec passion, mes relations s'étaient fortement rétablies avec mon entourage. J'avais enfin l'impression que la fixité des lieux m'était concevable, que la vie de sédentaire m'était supportable, voire agréable.

C'est d'ailleurs à ce moment que je suis tombée par hasard sur une émission de la Course. J'en connaissais vaguement le principe, mais je n'avais jamais vraiment eu envie de la faire. Pourtant, d'un dimanche à l'autre, je m'exaltais en les regardant tous relever ce défi.

Ça faisait à peine un an que j'étais revenue lorsque j'entendis Pierre Therrien annoncer l'âge limite de la candidature, 29 ans, alors que je n'en avais que 25... À partir de cette heure « maudite », je me suis levée tous les matins (était-ce bien moi ?) avec une barre d'énergie dans le ventre, électrifiée par un sentiment d'urgence. L'urgence de me confronter à moi-même, de me convaincre qu'il valait mieux vivre et parler que se taire et mourir.

Le parallèle entre le voyage déjà réalisé et celui que je convoitais était extrême : marcher, courir ; errer, *focusser* ; prendre, donner ; me taire, dire. J'avais erré pendant trois ans de gauche à droite, exploité jusqu'au bout ma notion de liberté. Mon rêve était épuisé. La Course, je la sentais sans vraiment trop savoir, je la voulais intensément. Comme dans mon dossier, par instinct de survie, par goût de l'engagement. Au bout du « conte », pour faire parler le silence. Telle Shéhérazade, qui, pour ne pas mourir, raconte pendant mille et une nuits des histoires sans fin.

Parce que l'urgence mène à l'essentiel et que l'essentiel, je le pressentais, se trouvait droit dans la Course.

Pourtant, le 29 juin au matin, je fige. Même lorsque j'entends mon nom, je reste clouée à mon siège. Je n'ai qu'une seule pensée : retourner me coucher ! (Ah ! là je te reconnais !) Je bousille les aiguilles de mon horloge. Je veux tout arrêter. Mais le pacte s'impose.

D'urgence, je suis donc repartie, le 13 août 1995, « insomniée » par les préparatifs, dépassée par les événements, anxieuse, mais enivrée par la réalité qui donnait raison à mon sentiment !

Linda,
Demain le Grand Jour !.. Et pourtant, t'es dans la course depuis des mois !!! Le plus beau reste à venir !
Que tes élans, ta passion, ton esprit créateur, ton humour, ton intelligence, ton amour, ta générosité soient tes alliés dans cette course, cette folle aventure, cette destination MONDE !...
Tu pars mais tu restes, tu restes et je pars ... bref, on se transportera l'une vers l'autre ! de l'énergie j't'en enverrai EXPRESS !.. ET SOUVENT !
T'es la MEILLEURE !!!

Quand le temps devient images ... j'ai trouvé une pensée pour toi en feuilletant "Samarcande"
"Le temps a deux visages, se dit Khayyam, il a deux dimensions, la longueur est au rythme du soleil, l'épaisseur au rythme des passions."
Dieu sait comme le temps sera un facteur omniprésent dans ta course !
Une petite dernière, savoureuse ! un clin d'oeil pour les jours plus ardus ?!?
"Lève toi, nous avons l'éternité pour dormir !"
O. Khayyam

Enfin, sois assurée d'une chose : Moi c'est pas avec carnet et stylo à la main que je regarderai tes films ... mais plutôt le coeur pendu à tes mots, à tes images à tout ce que tu voudras bien me laisser regarder. Tes films ce sera mes cadeaux, à moi et à tant d'autres, des bouts de rêve, des p'tits morceaux de Terre !
J't'envie mais surtout j't'admire, j't'adore et encore plus, j't'aime !!
J'te dis MERDE ! et à très bientôt !
Manon xx

Cercle : visqueux

Tokyo, Japon, premier jour de Course.

« *Sorry, do you speak English ?* » (Mais pourquoi elle se cache la face avec sa sacoche ?). J'en suis à mon premier film, pêché au hasard des rues de Tokyo. Je suis un poisson perdu dans cette mer de codes. J'avais pensé que le Japon ferait une douce transition au choc culturel qui m'attendait en Mongolie ! C'était sûrement un poisson d'avril en avance...

Tandis que j'avais cru en finir avec mes histoires de poissons, me voilà rendue au mois de janvier, à la fin — celle qu'on nous planifie — de ma Course. Je suis à Terre de feu, en Argentine. Je reviens de mon tournage sur le bricolage alternatif de nos petits castors dans les forêts du pôle Sud.

Je suis en pleine aire naturelle, à des kilomètres de la ville. Visiblement, mon *lift* m'a oubliée. Puis, soudain, dans un gros 4x4, un Japonais me prend à son bord — il habite Ushuaia, travaille pour une compagnie de pêche, revient d'ailleurs d'une fin de semaine de pêche. Puis il m'invite à dîner dans un resto de... c'est bien ça !

Trop curieuse de lui, j'accepte son invitation. Pour m'en remercier, il m'offre un énorme poisson dans un sac en plastique, frais et dégoulinant du jour, qu'il tient par la queue.

J'habitais dans un dortoir. J'aurais pu décider d'accrocher la « bête de mer » au montant de mon lit, histoire de décourager qui que ce soit de venir me déranger en plein montage, mais j'opte pour la sociabilité et l'offre à la femme qui nous héberge.

Celle-ci le balance du mieux qu'elle le peut dans le fond de son congélateur pour éviter que la queue dépasse (oui, il était aussi gros que ça, je vous le dis), mais je finis par comprendre par son air contrit qu'elle était plutôt... végétarienne !

Suite : dans les idées

Le lendemain, le Japonais fait téléphoner un interprète — je comprends l'espagnol, mais l'espagnol japonais... — pour fixer le rendez-vous. Nous sommes dimanche, le jour où Dieu ne multiplie rien puisqu'il se repose. Pas moyen, donc, de trouver un restaurant de poissons. Pas de resto tout court ! J'étais vraiment désolée pour lui. Bien qu'il soit Japonais, il avait peine à cacher sa déception. Nous avons fini par trouver une salle à manger d'hôtel et c'était pas bon du tout.

Quand j'y repense, c'est peut-être pour compenser qu'il a passé toute sa soirée à me mimer — je n'avais jamais rien vu de tel, j'étais morte de rire ! — les différents poissons du Canada ! « *Oh ! Canada... Big, big fish !* »

> *« On dit que l'homme se transforme à la suite des aliments qu'il avale. Ici, c'est bien avant l'aube qu'il se préoccupe de ce qui lui remplira l'estomac : une chair qui s'est faite chair pendant des milliers d'années. À un tel point que je me suis demandé à quel point l'homme pouvait ressembler au chaînon mangé... »*
>
> — Extrait de *L'Ère du poisson.*

Montagnes : russes

Je les ai « vécues », mais je ne les ai jamais vues. Je n'ai jamais réussi à obtenir de visa pour la Sibérie depuis la Mongolie. Puis Catherine Waridel est venue galoper dans ma vie. (Clin d'œil à Philippe Desrosiers !)

Faire : à cheval

J'ai rencontré Catherine Waridel — en fait, c'est plutôt elle qui m'a rencontrée — dans le lobby d'un hôtel en Mongolie, où je terminais mon deuxième plan de montage à la hâte.

J'ai remarqué qu'il lui manquait au moins une dent... Elle avait une peau de cuir et une attitude sérieusement illuminée. « Tu parles français ? Je suis Suisse française. Tu fais la Course ? Mais je connais ! [...] Ah, mais voilà, j'ai ton sujet. Tu m'appelles cet après-midi, à cinq heures. C'est arrangé, on mange chez mes amis, je vais tout t'organiser ! »

Elle semblait sortir d'une cartouche de Gauloises avec son « rire cigarette ». Je n'avais même pas dit deux mots qu'elle était partie sur ses grands chevaux. Honnêtement, je ne voulais pas la rappeler... il y a bizarre et bizarre ! Mais il faut croire que je manquais d'intuition puisque Philip, un ami de là-bas, avait, sans même l'avoir rencontrée, flairé le trésor. Le soir même, il nous a tous invités chez lui. Autour d'un nombre indécent de bouteilles de vin, de verres de vodka et de cigarettes, j'ai fait la connaissance de Catherine et de ses trois amis mongols jusqu'aux petites heures du matin.

Catherine terminait un voyage de quatre ans à cheval. Pour des raisons particulières, elle avait dû revenir en ville, laissant ses chevaux quelque part chez les nomades des steppes. Mais elle allait devoir les récupérer. Et c'est alors qu'elle m'offrit de boucler la boucle de son périple en faisant avec elle les deux derniers jours à cheval qu'il lui restait.

Je n'ai jamais eu de plus grand honneur et j'aurais voulu que mon film lui rende la pareille. Imprimer sur la pellicule nos fous rires interminables, mon cheval qui décampait à la seule vue de son fouet, l'horizon vide de notre guide (disparu, ma caméra au cou, dans les premières dix minutes de ce voyage)...

Nous avons finalement repéré notre guide une vingtaine de kilomètres plus loin, au milieu de la steppe, assis tranquillement à côté de son cheval, fumant son tabac, nous attendant. Visiblement, il n'avait rien compris de sa mission, ni de celle de ma caméra. C'est Catherine qui avait suggéré qu'il la porte pour que je m'habitue au trot. Il avait fini par s'arrêter parce qu'en fait, il ne savait même pas où il allait et, du coup, où nous allions.

C'est en raison de ce genre d'incident que j'ai fini par tourner *Anecdotes séculaires* avec Catherine, à Ulan Baator. Si je me fie au pointage, ce fut un flop — pour une fois, j'aurais aimé que les juges soient sur mon dos (de cheval)... Mais bon. Qu'à cela ne tienne. Ni vous ni eux y étiez. Ce film reste pour moi une comédie épique qui me fait rire en égoïste.

Lorsque nous nous sommes quittées, Catherine m'a remis et dédicacé une vieille boîte de raisins secs Sun Maid qu'elle avait reçue en cadeau au Kazakstan. Chaque fois que je la regarde, ça sent le grand vent, la steppe, les nomades, les chameaux sauvages. Et les Gauloises. Je garde aussi en mémoire l'anecdote de ses dents, son « rire cigarette », sa belle folie et sa passion contagieuse pour la Mongolie.

Ah ! le pas des chevaux, le vin savouré au bord de l'eau, la bouteille jetée à l'eau en l'honneur de Philip pour son bon pressentiment. Catherine Waridel disait toujours qu'elle croyait à une sorte de « miracle asiatique » ; à elle seule, elle m'en a donné la preuve.

Salut, vieille !

Eau : de vie

« Je bois, je bois, je bois tout des yeux, des oreilles. J'absorbe, je m'imprègne, je fais des réserves. Tout est précieux, tout bouge, tout a un bruit, un son, une musique. Je suis ivre de ce voyage. »

— Kashgar, Chine, 22 septembre 1995.

Il y avait tous ces gens qui travaillaient dans des tréteaux de bois tout bleus. Il y avait cette femme accroupie, la visage entièrement recouvert d'un voile brun, occupée à vendre une petite montagne d'œufs rouges, à la lueur de la chandelle. Nous étions au Moyen-Âge. Et je me faisais déjà du cinéma...

Grâces : au nombre de cinq

J'ai tourné un film fellinien dans des circonstances inusitées. Le

Huay-Din-Dam, tribu Lisu. Ils sont chrétiens et chantent, dans leur langue, nos airs de Noël ! **Thaïlande du nord**, *Natalie Martin*

Vieille femme de la société matriarcale Naxi,
Lijiang (Chine), *Stéphane Lapointe*

Tournage de *La Petite Mort.*
Kasakstan, *Philippe Desrosiers*

Marchands d'arachides dans un des multiples canaux d'Allepey, la « Venise de l'Inde ». **État du Kerala (Inde)**, *Jean-François Coulombe*

Vieux sages.
Bakhtapur (Népal), *Marie-Noëlle Swiderski*

Jeune fille uygur.
Kashgar (Chine), *Linda Lamarche*

Hanoi (Viêtnam), *Philippe Desrosiers*

Aube sur rizières en étages.
Nong-Bua (Thaïlande du nord),
Natalie Martin

Le bonheur étampé dans les yeux de Jean-Eude Ravoloson et son fils à Farafangana.
Madagascar, *Patrick Brunette*

Garçon des Himalayas. **Népal**, *Stéphane Lapointe*

Amsterdam (Hollande), *Natalie Martin*

Salut au soleil.
Hanoi (Viêtnam), *Marie-Noëlle Swiderski*

Kazakstan, *Philippe Desrosiers*

Scène domestique.
Kakani (Népal), *Marie-Noëlle Swiderski*

Togo, *Marie-Noëlle Swiderski*

Prêtre gardien des ruines. **Bangladesh**, *Marie-Noëlle Swiderski*

Moment magique à Tiwanaou.
Quand le Ciel et la Terre cherchent à se rejoindre.
Bolivie, *Patrick Brunette*

Bangladesh, *Marie-Noëlle Swiderski*

gouvernement chinois m'avait organisé un après-midi en compagnie d'une ancienne chanteuse uygur. Dans l'ouest de la Chine, la culture du centre de l'Asie est très présente. Le peuple uygur colore la vie monochrome de cet oasis du désert chinois.

Grâce à eux et au gouvernement chinois (je devrais ici parler de miracle nº 2 !), j'ai passé un après-midi tout à fait divin. On m'a conduite aux portes d'une maison dont les murs étaient picotés de taches de soleil. Des vignes grimpantes formaient un toit au-dessus d'une petite estrade où s'affairaient quelques femmes.

Je suis entrée dans la maison. Une femme toute de vert vêtue transportait de l'intérieur à l'extérieur des montagnes — tout s'empile en petites montagnes ici ! — de galettes frites, et des plateaux de melons d'eau.

Puis, dans le clair-obscur d'une chambre, j'ai aperçu une femme peignant sa vieille beauté du bout des doigts. Ses cheveux étaient teints de noir, ses paupières fardées de bleu, sa bouche maquillée de rouge.

Elle transgressait tous les codes. Elle était unique, ronde et merveilleusement belle dans sa robe bleue. C'était la diva, c'était la *mamma*. Elle avait réuni sa fille (celle en vert) et trois autres de ses amies ; une tout en jaune, une tout en rouge et la dernière, multicolore. Toutes étaient à l'automne de leur vie. Toutes ont dansé, chanté pour moi, ont partagé le festin avec moi. Et dans ce jardin de paradis, elles, comme cinq grâces, m'ont transportée à la droite de Fellini.

Miracle : nº 3... définitivement asiatique !

Je ne me lassais pas de regarder mes images. J'avais l'imagination débordante. Enfin, un plan de montage excitant. Quelques jours plus tard, le jour de mon départ en bus vers le Pakistan, je courais à la poste. Mais il n'y avait qu'un courrier interne jusqu'à Pékin.

Pierre Girard, le directeur de la Course, m'a suggéré d'envoyer mon film là-bas et de le faire expédier à Montréal par une compagnie de transport correspondant avec celle de Radio-Canada. M. Li Guang se chargerait de cueillir le paquet depuis l'aéroport et de le faire acheminer au Canada... Ha ! Ha ! Ha ! (rire jaune)

Finalement, à Montréal, ils ont compensé — et m'ont récompensée — avec mon film de réserve sur le Japon et les poissons. Je rageais quand même devant ma perte. On dit que « tout vient à point à qui sait attendre ». Il fallut, cette fois, neuf mois pour que le fameux miracle se reproduise.

Chère Linda.
Je suis un étudiant en langues à Kashgar. Aujourd'hui, je me promenais avec mon ami Abdul Geyni, qui travaille à l'hôtel Seman

comme traducteur. Tout en jasant avec lui, il m'a parlé du paquet que tu avais envoyé à Pékin et qui, pour des raisons inconnues, est revenu à Kashgar. Il m'a dit qu'il traîne depuis longtemps à la réception de l'hôtel. Évidemment, j'ai demandé à le voir !
Même si je ne comprends pas le français, quand j'ai vu le matériel, j'ai tout de suite compris qu'il devait avoir une grande valeur pour celui à qui il appartenait. Je ne sais pas si tu as dépassé la date limite pour son visionnement, mais je sais que l'argent avec lequel tu l'as réalisé doit bien venir de la poche de quelqu'un.
J'espère que tu pourras encore utiliser ton film. Et j'espère aussi que sa réception effacera la terrible déception que tu as dû avoir en le sachant perdu. Au moment où je t'écris, il est possible que je sois capable de faire sortir ton film de la Chine par quelqu'un, et le faire envoyer de Hong-Kong pour plus de sécurité. Je ne pourrais pas supporter l'idée qu'il se perde deux fois. Aussi, je retirerais une grande satisfaction de savoir que tu l'as bien reçu.
Au fait, je ne peux pas lire le français, mais je suis très intéressé par le contenu et le but de ce film. Pardonne-moi d'être aussi curieux... Si tu pouvais me dire à quoi il sert, j'en serais content. Il n'y a rien que j'aime autant qu'un bon mystère ! Et j'adorerais voir le produit final.
Je suis de nationalité américaine. Je suis né et j'ai étudié à New York. Ma femme (qui est Suisse) et moi seront ici jusqu'au 8 juillet 1996. Voici notre adresse. J'espère que tu recevras cette lettre et que tu as toujours ton travail.
Espérant avoir de tes nouvelles dans un futur proche.

Sincèrement,
Robert S. Kerr

Quand Vicky, du bureau de la Course, m'a contactée, je ne la croyais pas. J'étais en train de faire l'action la plus banale qu'il soit : du ménage ! Soudain, toute la poussière de mon oasis tant apprécié m'est retombée dessus, est venu « salir de joie » ma journée. Ah ! Catherine Waridel...

Depuis, je me suis empressée d'élucider le mystère de Robert Kerr, en espérant, moi aussi, que ce film — arrivant soi-disant à point, ou à quelques *cues* près ! — serve tout de même à quelque chose !

Liaisons : dangereuses

Avant de partir, on me conseillait un mari fictif, couple fixé, photo arrangée, pour m'épargner des ennuis dans certains pays musulmans. D'une blague (bague !) à l'autre, je n'écoutais pas ce conseil.

MYTHE N° 5 : UNE FILLE TOUTE SEULE...

Impossible. Même avec toutes sortes de précautions...

Jusqu'au jour où, en pleine conférence de presse, notre animateur chéri, charmant, adoré, lance à la volée dans les micros que je me cherchais un mari. Tant pis pour lui, car mari fut-il. Et tant pis pour moi si futile fut-il...

Mon petit Therrien, laisse-moi tout t'expliquer !

Dans la vallée de la Hunza, au Pakistan, j'ai connu un guide dangeureusement passionné, tant de mon projet que de ma personne — je n'ai jamais vu un guide piquer une crise de colère pour ne pas se faire payer. Il était pourtant intelligent, rusé, débrouillard, efficace. Mais amoureux.

Pour mon projet de film sur l'éducation des femmes, j'ai vite compris que le contexte musulman allait rendre le tournage difficile. Pas de photos, encore moins de vidéos sur les femmes. Si j'ai pu tourner là-bas, c'est grâce à lui. Enfin... grâce à l'amour qui, selon lui, l'a foudroyé. Avant de me rendre compte de l'existence de cet amour, il avait déjà soudoyé — à mon insu et à celui de la religion ! — le directeur d'une école avec de l'alcool, afin que je puisse y filmer ; il avait « pressionné » son tailleur de me confectionner, en deux temps trois mouvements, des habits pakistanais ; puis supplié une de ses cousines d'accepter de se faire interviewer. J'étais sa Vénus pakistanaise — et plus tard, sa tragédie grecque — qui l'empêchait de fermer l'œil et son chakra du bas. J'ai eu beau lui montrer la photo, soupirant langoureusement sur tes qualités de mari. Sa réaction : un simple « Pffft ! »

Pour des « raisons de cœur », mon guide avait misé tous ses espoirs sur moi. Tellement qu'à mon départ, il s'est senti trahi. Lorsqu'il a vu mon argent, il est devenu violet : crise de jalousie, menaces pour se réapproprier le film, scène de larmes à genoux où il suppliait tous les diables de lui couper le (bip !).

En quittant la vallée, je me croyais sortie de ce théâtre, lorsqu'en descendant d'un bus, huit heures plus tard, il me tape sur l'épaule ! Nous étions en pause d'un trajet de 24 heures. Il avait eu la bonne idée de faire monter des touristes dans son jeep et de leur proposer une petite excursion de trois jours dans ma direction.

J'ai bel et bien recroisé Manzoor à Islamabad, là où je débarquais. Il avait un sac qui m'appartenait et que j'avais oublié (intentionnellement): mes habits pakistanais. Il voulait me les rendre, mais je les lui ai donnés. Une lettre de sa part les accompagnait. Manzoor avait 25 ans et il était célibataire, ce qui voulait dire vierge, selon sa religion. Il s'excusait d'avoir le cœur en feu. Et espérait que je ne l'oublie jamais.

Mon cher mari, que pouvait ta présence en deux dimensions contre la dimension de ses impulsions? J'en suis désolée, mais l'amour rend aveugle!

Supplément : de détails

Saviez-vous que les Musulmans ont peur des chiens?

Je logeais à l'auberge New Hunza Inn au Pakistan. Ça avait pas vraiment l'air nouveau, mais bon. Nous étions dans la salle à manger, moi, quelques autres et une Italienne avec son chien-chien nommé Africa. Déjà, le serveur avait une drôle de gueule — il y avait beaucoup de cosanguinité dans cette vallée.

Soudain, il aperçoit le chien et fout en l'air tout son plateau d'assiettes. Dégâts considérables. En plus du chien-chien qui pisse de panique. Les chiens sont apparemment considérés comme une créature du diable dans la religion musulmane. En tout cas, ici, on a eu droit à une scène d'enfer!

Parlant des dessous, vous ai-je raconté mon voyage en bus entre la Chine et le Pakistan? Nous nous trouvions sur une route désertique et cahoteuse de 800 km, partis pour deux jours en bus avec un arrêt pour la nuit. Nous étions dix touristes et une quarantaine de Pakistanais. (Je dis deux jours parce que je compte les cinq fois où, pendant la journée, nos amis musulmans ont dû interrompre le voyage pour prier.)

La première fois, nous avons fait l'arrêt comme prévu. Ils ont installé leur tapis dans la poussière en direction de... ah! j'sais plus si c'est vers l'est ou l'ouest! En tout cas. Pendant ce temps, nous faisions la promenade en faisant semblant de ne pas les regarder, question de leur laisser un peu d'intimité.

La deuxième fois, c'était un peu après une crevaison — je ne comprends d'ailleurs toujours pas comment ils faisaient pour parler avec Allah, agenouillés qu'ils étaient devant le gros moteur ronflant.

La troisième fois, c'est quand le moteur s'est mis à chauffer puis à boucaner et que le bus s'est étouffé. Valait mieux, pour eux, en profiter maintenant.

La quatrième, c'est lorsque nous sommes allés au petit coin parmi des tas de pierres dans la vallée. Chacun sa prière!

Et la dernière mais non la moindre, ce sont eux qui ont réquisitionné l'arrêt. Nous avions six heures de retard sur notre itinéraire. C'était la brunante. C'était même brun foncé. Ils se sont alors installés dans les buissons de l'oasis que nous traversions. Exaspéré, le chauffeur qui, lui, était Chinois, n'en avait plus rien à foutre de leurs incantations. En beau tabar!#$%&, il a poussé l'accélérateur à fond tandis que dans la lumière des phares, on voyait une foule de petits chapeaux blancs soulever les bras au FFW, courant derrière le bus, tapis et prières au vent, pour nous rattraper!

Finalement, le Chinois s'est calmé, les a rembarqués, et nous avons poursuivi notre route — eux dans la méditation la plus totale, nous en se retenant de glousser — sans plus d'incidents jusqu'à notre destination. J'ai ri cette scène pendant des jours... Ce voyage fut hallucinant, vive l'Orient!

Tempête : dans un cerveau

« Salut Therrien!
Aïe, c'est-tu normal d'écrire quatre mots aux six heures?!»

— Beyrouth, Liban, 1er décembre 1995.

« Sais-tu quoi? J'ai découvert que quand j'écris un scénario, je connais tout de suite le début et la fin... C't'entre les deux que c'est vide : serais-je extrême?! C'est la période existentialiste de ma Course.»

— Buenos Aires, début janvier.

J'avais peur de ne pas pouvoir dégager la neige de sur mon papier. Chaque fois, c'était pareil. Une fois, au Pakistan, pendant sept jours, ma main s'est arrêtée au bout de la même maudite phrase, celle du début... Il me semblait que j'avais le disque «cerveaucal» égratigné. J'ai survécu à 17 tempêtes d'angoisse, bloquée entre les murs de mes chambres d'hôtel et ceux de mon inspiration. Même si le sujet me tenait à cœur, les pages restaient longtemps blanches : pendant mes crises, il neigeait beaucoup de temps. C'est le pire hiver que j'aie connu.

Couleur : allez J-F, répond «rouge»!

C'est ça! Je l'écris juste pour toi!

C'est parce qu'on fait un couple d'enfer... Jean-François croit que le rouge me rend un petit peu bizarre et obsédée — ou serait-ce plutôt le contraire? — mais ce doit être la Course qui le pertube ainsi... Hi! Hi! Hi! Sans rancune (tape dans le dos), mon J-F!

Double : vie de M. Al-Hashimi

Dubai. Émirats arabes unis. Le jour de mon arrivée, je veux fuir à tout prix mon trou de chambre d'hôtel « Mirage ». M. Al-Hashimi, mon hôte, me donne rendez-vous à neuf heures du soir pour aller dîner. Il me prendra à la porte avec une voiture blanche. Neuf heures tapant, je sors, la carrosserie s'avance. Je dis « M. Al-Hashimi ? » Y dit : « Oui !» Je lui tends la main, je monte et nous filons vers... je ne sais où ? Il est un peu vieux, le visage tout plissé. Il porte un foulard à cerceau et une jellaba. Il parle un anglais beaucoup plus bizarre qu'au téléphone et ses intérêts changent carrément de motifs lorsqu'il me propose une mer de tissus en plus d'une petite ballade à la plage, tapis inclus. Mais plus on va et plus je trouve que ça ne correspond pas. Il me tend sa carte d'affaires. Il s'appelle aussi M. Al-Hashimi avec une voiture blanche ! Je suis dans la ville avec le mauvais bonhomme tandis que l'autre me cherche devant la porte de l'hôtel... « Mirage » !

« [...] Parlant de mirage, j'espère que ceci n'en est pas un. J'étais loin de me douter que M. Al-Hashimi m'avait arrangé une chambre d'hôtel. C'est qu'ici, y a tellement d'étoiles que la tête me tourne. C'est presque épeurant. Chaque soir, ils viennent défaire le lit et posent un chocolat sur l'oreiller. Même le papier de toilette a les extrémités pliées en triangles pour plus de facilité. Le plus con, c'est qu'au standard de l'hôtel, j'ai même pas les moyens de me payer deux toasts pour déjeuner. Trouvez l'erreur, pas la facture. Parce que si c'est le cas, c'est la moitié de mon budget qui va y passer (350 $ US la nuit !). Mais qu'est-ce que vous voulez, la Course, c'est vivre au rythme des gens, pis dans le coin ça vit en grand !»

— Lettre à la Course.

Confidence : sur l'oreiller

« Être seule entre quatre murs avec mes pensées, voilà qui me tue. Quelle journée de merde. J'en ai ras-le-bol de la Course ! »

— Dubai, Émirats arabes unis, 1er novembre 1995.

J'ai dû recevoir un de ces jugements par téléphone, mais heureusement, comme vous pouvez le constater, c'est facile à oublier.

Calme : plat

Je vais ici vous décevoir, mais l'Iran fut l'étape la plus paisible de toute ma Course. La seule anecdote qui me passe par la tête est celle du « set » de vaisselle que je me suis acheté là-bas et que j'ai dû traîner pendant un mois dans mon sac à dos avant de trouver un pays par lequel il me serait possible de l'envoyer. Sinon, à part le choc de devoir me conformer à l'habillement, le temps était à la douceur et aux déroulements sans incidents.

Dès le premier jour, j'ai partagé une amitié avec Sheila, l'Iranienne qui m'accompagnait. Ensemble, nous sommes allées à Esphahan visiter la magnifique mosquée bleue, les bazars et les palais. Nous avons fumé le narguille, discuté, rigolé. Parlé de l'amour, de ses joies et surtout de ses chagrins. Toutes les deux complices et confidentes à ce sujet. J'y ai aussi vécu ma première peine de « notes » à propos d'un film tourné au Pakistan. J'avais la motivation dans les talons, mais Sheila, par sa nature, savait me changer les idées. Je me sentais en convalescence.

Verveine : ...

Oui, bon, enfin !

Opinion : tranchée

Note à l'animateur à propos de mes châteaux en Espagne :
*« Eh ! qu'cé donc beau su'a photo ! (beau toréador les fesses moulées dans du brocard). Entéka, j'ai encore rien vu de t'ça. Mais bon. Espagne ? Caméra brisée. Louer, le 23 décembre... Y a pleuté toutes les crisses de journées. J'ai mal au cœur chaque fois que je vois du jambon. J'haïïïs pro-fon-dé-ment toutes leurs habitudes et leur fanatisme religieux. À Noël, j'ai lu un bon livre (!).... J'me sus faite virer d'un hôtel par une "mamma" espagnole qui pensait que j'allais prendre des douches à journée longue parce que j'y ai demandé s'il y avait de l'eau chaude tout le temps (ce qui n'est pas le cas partout là-bas). La vieille %$#&**! Grrrrr ! J'ai fini par rester dans un hôtel de vieux garçons (pour ne pas dire de vieilles matantes, mais ils étaient gentils, quoi !), toujours à Madrid, avec du tapis vert quasi mur à mur, pis un gros chien dalmatien en porcelaine grandeur nature en entrant.*
J'ai commencé mon périple à Séville, mais je n'ai rien fait là-bas. Je me suis rendue à Madrid, puis finalement à Tolède. J'ai dû tourner le 25 décembre (tout était fermé). Ce film fut une torture mentale. J'ai d'autres anecdotes, mais ça me tente pus d'écrire. OK bye ! »

— Argentine, janvier 1996.

Désespoir : de cause

« Plus rien à dire. Situations sans odeur, sans saveur. Ce n'est plus Beyrouth avec sa lumière dorée, et mon cœur qui avait le sentiment de pouvoir tout aimer. »

— Buenos Aires, Argentine, 12 janvier 1996.

La deuxième moitié de mon voyage a été plus difficile. J'avais atteint le paroxisme au Liban, l'intensité maximum d'une Course.

J'aurais voulu vous faire un film sur le revers de la situation, sur cet état d'esprit complexe. J'ai soudain eu l'impression que tout à coup, le voyage perdait de son sens.

Logiquement, ça aurait dû se produire à la fin. Ainsi, j'aurais pu vous parler de la montée, du jet, du flamboiement qui subjugue la pensée. Dorénavant, les jours se succèdent et commencent à se ressembler. Je suis en descente.

J'ai tourné au Maroc, en Espagne, en Argentine et au Mexique. Il me restait six films à produire. J'ai vécu de bons moments, mais le sentiment de routine est devenu inévitable. Non seulement je ne me sentais plus dépaysée, mais je savais parfaitement que je ne pénétrerais plus, comme je l'ai senti au Liban, dans l'âme des gens.

À ce propos, tu l'as exprimé mieux que moi. Merci Natalie pour ton film *Détours*.

Boussole : complètement désorientée

Pendant la Course, il faut garder le centre. Parce que le nord, au bout de quatre mois, je l'avais déjà perdu...

Trois heures du matin, réveillée par un malaise.

J'ai perdu le centre, il faudrait me centrifuger. En me faisant manger de la viande, en la faisant m'endolorir les dents. Ce serait comme toucher du vrai, du concret. Quelque chose de bétail, quelque chose de consistant à me mettre sous la dent. Consistante, mon existence serait plus consistante. Car plus je mange de l'air, plus mes idées s'évaporent. Je n'avale que des filets de vent et l'entrecôte du néant.

De la viande. Oui. Du bœuf, de la vache, une vache toute crue, toute cuite, sacrée sur ses quatres pieds, d'où j'en mordrais le flanc jusqu'à la déchiqueter pour ainsi avoir mal aux dents. Cette viande juteuse qui me dégouline dans le gosier, et sur la joue, et ce steak où s'enfoncent, jusqu'aux gencives, mes dents.

Il n'y a pas de fourchette à mon festin, je mange avec mes mains. Je crispe mes doigts dans la moëlle et mon appétit se transforme en mal de dents.

J'ai maintenant envie de la résistance de cette chair à mes canines plus que de la chair elle-même. J'aime quand sa fibre m'écartelle les molaires et les petites dents de côté. Je garde ainsi le goût du sang, chaud et cru, chaud et cuit, dans ma bouche. Je mords, je presse, j'extirpe pour mieux boire ; je suis un vampire de vache crue, de vache cuite.

Humain. Faut-il manger de l'animal pour être humain, pour se sentir vivre, là, solide, comme une présence incontournable ? Manger de cette viande et mordre à la vie. Être pleine de cette mort qui me redonne le goût de la vie. Du vrai, du concret, du nature, du

terrestre, de la terre, des racines pour une vie enracinée.
J'ai besoin d'être in- « carne ».

— Buenos Aires, Argentine, 12 janvier 1996.
Dans la capitale de la meilleure viande au monde.

Produit : dérivé

Mon petit numéro de gala (*tut-tut-tut-tu-lu-lu-lu-tut-tu* ♪♩♬♩) toréador carnivore !Olé¡ est un produit dérivé du texte original ci(rque)-dessus. En tout cas, cette remise de prix, j'aime mieux en rire qu'en pleurer... !Olé¡

Source : d'origines insaisissables

« Voilà pourquoi je me définis comme une chercheuse d'origines : des choses, des miennes et de celles des autres. »

— Dossier de candidature, avril 1995.

Beyrouth, Liban, 22 novembre 1995.

Pour quelques images tournées au bord d'une mer pleine de déchets, je perds ma pochette : passeport, argent, carte de crédit, billet d'avion, tout ! GÉNIAL ! Je n'avais pas de chèques de voyage. Je n'en étais qu'à la moitié de ma Course. Je jubilais, survoltée, euphorique. Plus de titre, ni de papiers. Les yeux dans ceux du monde entier. Sensation d'ivresse, de liberté. Moment d'allégresse. Recommencer à nouveau. À zéro. Un nouveau passeport. Impossible de nier mes origines. Le cœur a ses racines.

Mots : de cœur

J'essaie de tous mes mots, mais ils deviennent faibles et inappropriés pour parler de mon expérience au Liban.

C'est le voyage qui a fait le plus de chemin en moi. Celui que je continuerai dès septembre par le biais des études. Celui qui me ramène à mes origines, à la terre qui contient mes racines.

« Nos corps se sont peut-être croisés, entrechoqués, au coin d'une rue alors que je pensais à nous. La vie est si ironique. Je te sais partout et nulle part à la fois. »

— Beyrouth, 30 novembre 1995.

J'ai voulu vivre chacun de ces instants sans attente ni jugement. L'âme tantôt en paix, tantôt en guerre contre le mystère de ma genèse. Mais j'ai ce pays dans la peau et, par conséquent, le besoin de me rapprocher de son humanité. J'ai compris qu'elle avait l'âme trouble, mais aussi que pour elle, la vie, malgré tout, était plus forte que tout.

« Le corps détruit et reconstruit
Le corps blessé et fortifié
Le corps tué et ressuscité
Et pendant qu'eux reconquièrent la plénitude
Je reste là, dévastée, par la force qui naît de la fragilité. »
— Extrait de *L'Histoire dans la peau.*

Une chose est certaine, si la Course nous change, moi j'ai changé là-bas.

Mères : d'ici et d'outremer

Je suis en vie. En vie de vous.
J'ai dans ma vie deux femmes, deux pays.
Deux affluents. Deux mères séparées par un océan.
Deux souffles. Deux artères qui me vont droit au cœur.

LETTRE DE PROCHES

Nous avons vécu intensément la Course destination monde. Au fil de la Course les émotions se sont bousculées. A part les téléphones où l'on se sent impuissants, et où l'on voudrait vous donner l'énergie qu'il vous manque, la partie "Jugements" demeurera sans doute toujours la plus difficile pour des parents, et ceci sans rancune. Il faut penser que c'est une partie de nous qu'ils jugent, un peu de nos valeurs, et surtout parce que nous on comprend ce que vous voulez dire.

Ce fut aussi pour nous une remise en question à travers vos films. Le film sur la guerre du Liban nous a émus profondément. Nous avons découvert un autre côté de toi. Nous pensions beaucoup à ce qui aurait été la vie si tu avais grandi là-bas.

Merci d'être ce que tu es, merci de nous avoir fait vivre ce périple et de nous avoir fait découvrir d'autres facettes de ta personnalité

Merci à toute l'équipe de la Course pour leur accueil et leur soutien.
Bravo à tous ceux et celles qui ont fait la Course 1995-1996

Chaleureusement, Denis & Hélène Lamarche

Œil : pour œil

Mes yeux pour les vôtres, les vôtres dans les miens. Amis, parents, proche public, obligés à travers les chambres de mon imagination, sans répit, sans consentement de votre part. Je vous ai imposé un voyage, un regard, une intimité. Je vous ai monopolisé par besoin, par soutien ; vous ai dérobés d'une attention démesurée que rien ni la prunelle de mes yeux ne peut en retour égaler. Votre regard me fut cher, nécessaire. Me le prêterez-vous encore aujourd'hui, encore un peu plus, jusqu'ici ?

Dent : pour dent

Ce paragraphe concerne mon vieux professeur, ami et mentor, Jean-Marie Guay, ainsi que mademoiselle Lisa « Osez » Boucher. Vous, mes deux espèces ! En vain, vos efforts de discrétion, mon dos tourné, à l'écran fermé, à la sortie des studios de Radio-Canada ! Raté ! Je vous dis. J'ai TOUT entendu des bruits jouissifs de vos spéculations sur mon compte et mes rencontres. Car même loin, vous m'êtes proches, et n'importe où, la vie sans vous aurait bien moins de mordant. Sourire, de toutes mes dents !

Mots : de tête

Avril 1996. Après m'être fendu les cheveux en quatre pendant six mois, j'ai soudain eu envie d'une vraie coupe de cheveux. Je suis allée chez la coiffeuse pour l'entendre me dire que, tout à coup, j'avais des cheveux blancs...

Ce qui me ramène au 26 février 1996 :

« Aaaaaahhhhhhh ! Le temps qui passe ! » Haletante, je me réveille d'un cauchemar. Ça fait à peine une semaine que nous sommes rentrés. J'habite avec Marie-Noëlle et Natalie. Marie-Noëlle et moi partageons un lit, et — est-il nécessaire de le préciser ? — mes angoisses les plus profondes...

Temps : qui passe

Les cheveux blancs sont, semble-t-il, un signe de sagesse. En ce qui me concerne, je les associe à la vitesse, au temps qui passe et nous dépasse. À celui qui court plus vite que nous, qui bat plus vite que le pouls.

« Ça fait-tu vraiment six mois ? »

— Mexique, 15 février 1996.

Il me semble que pendant ces derniers mois, j'ai voyagé à la vitesse de la lumière. D'une façon brève, éphémère. Dans le livre *La Lenteur*, Milan Kundera explique que la vitesse est proportionnelle à l'oubli. Je ne veux pas oublier. Je veux me réapproprier le temps, le capter, comme on capte la lumière sur du papier. J'ai peur du blanc : cheveux, page, temps.

Pieds : à terre

J'adore les pieds, ces choses qui se chaussent. J'ai même fait mon film de candidature sur les souliers. Pour une paire de bottes, j'ai failli me faire tuer dans une émeute au bazar d'Ulan Baator en Mongolie. Je me suis acheté des souliers pakistanais qui m'ont permis de faire des économies sur les taxis aux Émirats arabes, parce que les chauffeurs venaient tous de la région où ils étaient fabriqués. Un jour, je m'en fabriquerai aussi.

J'aime les souliers, particulièrement ceux qui me donnent l'impression que la Terre me colle aux pieds. Après tout, pieds et terre ne peuvent qu'aller ensemble. Je me dis qu'à force de se côtoyer, ils finiront bien par me donner des racines.

Mise : au point

Ma Course est bel et bien terminée, relayée. Je me sens émue. Muette. Certes, j'envie d'une excitation naturelle les nouveaux qui partent, mais dans l'accalmie du retour, je me métamorphose. Je me révolutionne, me ré-«oriente». Je fais le tour du monde, de mon monde. Et dans le silence de cette émotion, mes pensées remontent, discrètes, secrètes, tel un fleuve vers la «mère».

Je m'identifie, je m'appartiens.

M'inspire, reprends mon souffle.

C'est une question de cœur. J'y suis.

— Montréal, 13 août 1996.

STÉPHANE LAPOINTE

Sur un continent, ma mère
priait très fort pour qu'il ne
m'arrive rien, et sur un
autre, moi je priais
désespérément pour qu'il
m'arrive quelque chose.
Devais-je courir ou attendre ?
Marcher peut-être ? Il était
toujours difficile de dénicher
le foutu sujet. À peine
débarqué dans l'inconnu,
essayer de comprendre, de
gratter la carte postale.

Itinéraire

12 août	Guatemala City, Guatemala	avion
18 août	Totonicapan, Guatemala	voiture
21 août	Piura, Pérou (via Lima)	avion
1er septembre	Marseille, France (via Lima, Miami, Detroit, Toronto, Amsterdam!!!)	avion
8 septembre	Moncrabeau, France	train
11 septembre	Valence, Espagne	train
28 septembre	Marseille, France	avion
3 octobre	Paris, France	avion
5 octobre	Dakar, Sénégal	avion
31 octobre	Prague, République tchèque (via Paris)	avion
10 novembre	Amsterdam, Pays-Bas	avion
22 novembre	Katmandou, Népal (via New Delhi)	avion
1er décembre	Hô Chí Minh-Ville, Viêtnam (via Bangkok)	avion
6 décembre	Nha-Trang, Viêtnam	avion
9 décembre	Hanoi, Viêtnam	avion
20 décembre	Bangkok, Thaïlande	avion
30 décembre	Kunming, Chine (via Hong-Kong)	avion
5 janvier	Lijiang, Chine	bus
14 janvier	Kunming, Chine	avion
18 janvier	Hong-Kong	avion
21 janvier	Hiroshima, Japon	avion
26 janvier	Kyoto, Japon	train
27 janvier	Osaka, Japon	train
28 janvier	Tokyo, Japon	train
10 février	Phoenix, Arizona, É.-U. (via Los Angeles)	avion
17 février	Dorval, Québec	avion

BLIND DATE AVEC UNE PLANÈTE

Quatre mois déjà que cette galère est terminée. Que la tornade s'est calmé les nerfs. Que nous sommes tous retombés — plus ou moins violemment — sur le derrière. C'est vrai qu'on en avait tous marre, mais là... elle nous manque. Rare. Bâillonnés par son absence, notre rage ligotée au fond de sa cage. On nous reconnaît de moins en moins au centre commercial, à la banque, sur la rue. Avant c'était: «Heille, le gars d'la Course!» et puis là c'est: «M'semble que ta face me dit quelque chose... c'est pas toé qui passais le journal chez nous?...» Nous avons rejoint le club des Erik Estrada, Plastic Bertrand, Pierre Marcotte, Belgazou, celui, peu réjouissant, des *has been*.

Mon moral se porte bien. La vie est belle. Je souris à pleines dents. Mon psy m'a suggéré de répéter ces trois petites phrases 20 fois par jour. Non j'exagère, car ma vie postCourse se déroule fort bien. Il est vrai cependant que cette journée où l'on a dû sortir notre paperasse de Radio-Can et débarrasser le 7e, ça nous a flanqué un coup. Quitter sa famille, ça rend toujours un peu mélancolique.

La Course, «c'était l'heureuse coïncidence de mes plus grands rêves» (dixit le dossier de presse). L'aspect créatif m'a attiré tout d'abord. Ç'eut été *La Course destination Saint-Fabien-de-Panet* que j'aurais sauté de toute façon à pieds joints dans le projet. Toutefois, à ma grande surprise, sur la route après quelques films, le laboratoire artistique est tombé second et c'est la grande aventure qui a pris le dessus.

«L'avenir sourit aux effrontés polis», écrit Gilles Vigneault dans un mot pour Philippe envoyé au Viêtnam, et qui sera sans doute un leitmotiv pour le reste de ma vie.

Partir, c'est sourire un peu.

12 août 1995, 4 h 25. À quelques pas de la croix du mont Royal, je profite des derniers moments d'accalmie. Silence dans l'obscurité. Les instants glissent entre les doigts comme une mèche de cheveux doux. Je ferme un peu les yeux sur le divan dur et moite du salon où nous étions tous réunis ce soir. Dans quelques minutes, je serai le premier à partir. Ça se peut pas. Je ne le réalise pas. Personne ne le réalise.

Il est 4 h 45 et les copains (Éric, Mario, Ricardo, Jean et ma sœur Sonya) arrivent de Québec et m'embarquent. La « dernière Cène » dans une voiture pour Dorval. J'arrive en trombe. Déjà là, j'aperçois m'man qui capitule à l'idée de faire entrer 189 sandwiches au jambon dans mes monstrueux sacs à dos. À ses côtés, p'pa me fait un sourire. Ils sont visiblement fiers et je suis content. Marie-Noëlle pétille. Patrick *joke*, mais on sent la nervosité. Monique, notre réalisatrice, est là, généreuse pour ses nouveaux enfants, les yeux pleins d'eau, pendant que Marshall, le Clint Eastwood de Radio-Can, me raconte une anecdote sur les caméras d'aéroport. Le doc Prévost me donne une tuque miniature pour la route. La perle Vicky arrive avec les 40 cassettes super VHS compact que tous s'affairent à faire entrer dans mes sacs déjà à guichets fermés. Nous sommes tiraillés entre la joie et la tristesse. Je me sens Superman pis en même temps, j'ai le goût de me cramponner à la jupe de ma mère. Ça va si vite. C'est peut-être mieux comme ça. Enregistrement des bagages, course jusqu'à la douane. Mon grand chum Ricardo filme tout ça. C'est la déconnade, évidemment. Puis, pendant que m'man vérifie si j'ai rien oublié, Pierre Girard me lance qu'il faut y aller. Bon. Maman, papa, je vous aime. Saluez le *brother*. Je serre la main à certains, fais la bise à d'autres. Sonya, les chums, quoi vous dire ? À bientôt ? Je me retourne, cherchant celle qui manque. J'aperçois justement Natalie, courant avec un petit ziploc plein de confiseries et de jujubes colorés juste pour moi, et m'offre en prime un de ses sourires tendres et complices. Je la serre très fort. Adieu la gang ! Monique, Pierre, Marshall, vous ne le regretterez pas ! Je passe la petite barrière. Girard m'embrasse sur la tête. Comme aspiré, je passe de l'autre côté, j'entends presque la musique de l'émission. Je tente un dernier regard derrière, ils disparaissent tous. Pouf! Au revoir les précieux.

Je viens de placer *Afraid of Sunlight* de Marillion dans le lecteur. Je me couvre instantanément de chair de poule, des petites bulles de mélancolie partout sur le corps. Ce compact m'a accompagné tout au long du périple et y sont rattachées tant de puissantes images. ... La *cut* 3 : la campagne vietnamienne verte et sublime de l'autre côté d'une vitre d'autobus, avec ses acteurs défilant au ralenti... la 4: les fous rires avec Natalie Martin dans un bungalow au-dessus des vagues thaïlandaises... la 5 : mes mains sur les hanches de Su Yu Jing...

J'ai encore les yeux rougis. Rougis par à la fois un peu trop et un peu trop peu.

Les orteils enroulés autour des pattes glacées de ma chaise, je fixe l'écran et attends les moments de transe. Je tenterai ici de raconter des parcelles. Ce dont je suis capable.

Pour ce retour en arrière, j'ai invité des amis. Car à la boussole du hasard, on fait des rencontres; particulières, inattendues, importantes. Des complicités à différents degrés qui allaient du brin de jasette au brin de soupir. Des amitiés cueillies au bord de la route et qui fleuriront à tout jamais dans ma mémoire. Je les ai invités à me raconter ce que leurs yeux ont vu. À se souvenir de moments où nos destins se sont chevauchés alors que je faisais escale dans leur univers.

Parfois difficile de quitter un endroit qu'on a aimé, des amis dont le seul défaut est d'habiter à l'autre bout du monde. Une semaine plus tôt, j'avais opté pour Patrick au lieu des lamas et l'avais rejoint à Piura au nord du Pérou. Au programme : le désert, le soleil, de charmantes rencontres, une semaine géniale !

Marseille, 1er septembre 1995.

J'arrive en France comme un seul homme. C'est le cas de le dire, puisqu'après une longue série de vols (pour passer de Piura au Pérou à Marseille en France : en deux jours Piura-Lima-Miami-Detroit-Toronto-Amsterdam-Marseille) mes précieux bagages ont décidé de me fausser compagnie. Ils ne se sont pas présentés dans le tourniquet à Marseille comme tous les autres.

2 septembre 1995

J'avais un joli petit nom sur un bout de papier écrit à la main. Églantine. Ainsi qu'un numéro de téléphone. Une amie à Québec m'avait laissé ça, comme ça. Sur le quai des films de Pagnol, j'ai composé le numéro, loin de me douter que ce joli petit nom allait se révéler un couple formidable ! Églantine et Laurent, des amis à vie. (Laurent a même accepté de faire le clown devant 500 000 téléspectateurs au début du film sur Archaos.) Ce soir, je suis heureux. Tout simplement parce que nous mangeons de la pizza tous ensemble, et puis, j'ai oublié de vous dire, mes bagages, ils sont revenus! (Ils ont bien réfléchi et... je crois que ça nous a fait un grand bien ce petit *break*.)

> *« Dans l'obscurité, le rugissement d'une moto. Vrombissement quasi volcanique. Soudain, explosion! Le Barnum de l'ère postatomique nous balance un brutal tableau en pleine gueule. Des hommes, des femmes se dégagent de leurs ordures pour devenir de vulgaires marionnettes, esclaves de la déesse-image. Acrobaties à moto, strip-tease sur trapèze, dompteur travelo, kung-fu sur fil de fer. Ces étranges saltimbanques débarquent sous le chapiteau alternatif avec vacarme et fureur. Violence et poésie.*
> *Philip Ashley, l'inventeur du cirque moderne en 1790, construisait ses scénarios à partir de l'environnement économique, social et culturel de son époque, introduisant même le moyen de communication d'alors, le cheval. Le spectateur de cirque applaudit depuis la réussite de l'artiste bravant le danger et risquant la mort afin de dominer les éléments qui l'entourent. Deux-cents ans plus tard, l'homme lui-même apparait désormais comme étant la seule véritable menace pour l'homme. Ce qu'il a créé afin d'asservir la nature à ses désirs est si sophistiqué qu'on en vient à craindre le monstrueux pouvoir de ses créations. Le spectacle d'Archaos veut présenter le combat de son époque. Celui de l'homme contre sa propre technologie.*
> *[...] La télé serait-elle cette bête annoncée dans le livre de l'Apocalypse ? Immonde, manipulatrice et omniprésente, avec ses imminents 666 canaux ? L'avenir de l'humanité réside peut-être dans sa capacité à rester maîtresse de cette fabuleuse, hypnotique et perverse invention. Archaos, le cirque à scandales. Archaos, le cirque vicieux. Est-il l'antithèse du Cirque du Soleil, c'est-à-dire le cirque de la nuit, de la noirceur, le cirque des ténèbres ? »*
> Guy Carrara, auteur et metteur en scène dit:
> *« Dans le rêve, il y a aussi le cauchemar. Mais ça ne nous empêche pas d'aller danser et d'être heureux de vivre avec tout le monde.*
> *[...] Oui, on est heureux, mais lucides. »*
> —Extraits du film *The Last Show on Earth.*

Valence (Espagne), 11 septembre 1995.

Nous quittons l'autoroute pour emprunter un chemin sinueux se tortillant entre les magnifiques champs d'orangers. Je suis de retour dans la chaleureuse Espagne qui m'avait ravi l'année précédente. J'ai revu Paola Juan Juan. Elle m'a cueilli au Burger King près de la gare et m'a emmené chez elle. Elle est mère célibataire d'un petit garçon de quatre ans et habite chez ses parents dans un village en banlieue de Valence : Antella. À mon arrivée, j'ai la chance de déguster une délicieuse paella.

Petit détail amusant : ne lui répétez jamais que je vous ai dit ça, mais cette amie, Paola Juan Juan, eh bien, croyez-le ou non, a un frère qui s'appelle Juan Juan Juan ! Je vous le jure ! Il paraît qu'il en a fait des *push-ups* dans l'armée espagnole !

22 septembre 1995

Pau est un petit garçon de quatre ans très intelligent, à l'esprit vif, mais très dissipé et qui a besoin de beaucoup d'attention. Or, l'autre midi, nous étions dans la cuisine, tous attablés pour la *comida*. L'ambiance est toujours un peu tendue. Je me sens plus ou moins le bienvenu. J'entends souvent les colères que les parents piquent à Paola à mon sujet. Personne ne parle. Par chance, y a le téléviseur qui dilue un peu l'épais silence.

Nous dégustions une bonne paella quand, à la fin du repas, Pau décide de s'amuser. Il plonge sous la table et me pince les mollets, me tape sur les genoux en esquivant chacune de mes tentatives de l'attraper. Le petit manège se poursuit durant un moment. Puis deux. Je suis très patient avec les enfants. Pour m'amuser à mon tour, je m'arme du demi-citron qui traîne sur la table et attrape le mignon gladiateur par le bras. Surpris, il rigole et je lui colle (un tout petit peu) le citron sur la bouche. Aussitôt, la petite tête de Pau jaillit de sous la table et il se met à vomir et à vomir sur le plancher de la cuisine. Splatch ! Splatch ! Splatch ! Trois gros jets interminables ! Peut-être quatre, je ne sais plus (j'ai fermé les yeux un moment pour prier Dieu que tout cela s'arrête.) Et s'il était mortellement allergique au citron et que personne ne m'avait averti ?...

La grand-mère du petit esquisse un sourire poli. Le grand-père qui ne dit jamais rien continue. Moi, je multiplie les « désolé, pardon, j'ai seulement un peu..., je voulais juste..., Pau n'arrêtait pas de... ». Paola me sourit à son tour, refuse que je nettoie le parquet, sort elle-même la serpillière de l'armoire.

Un instant après, Pau revient avec la moue mélodramatique en me criant des trucs en valencien, puis se jette sur moi de nouveau pour me massacrer les cuisses et les mollets, avec beaucoup plus de vigueur cette fois.

« Ça lui arrive souvent..., m'expliquera plus tard Paola. Il a l'estomac si fragile. »

28 septembre 1995

Je quitte l'Espagne. Tout le monde est heureux. Pour l'occasion, on mange une paella.

Paris, 3 octobre 1995.

Ce soir, c'était le spectacle de Marillion au Zénith de Paris. J'y étais et j'ai eu des frissons ! Je ne sais pas si c'était à cause de l'émotion ou bedon du fait que j'étais, tout au long du show, accoté sur la bouche d'air climatisé...

Dakar (Sénégal), Afrique de l'Ouest, 5 octobre 1995.

Je sais pas où j'avais la tête, mais je suis débarqué en Afrique de l'Ouest au milieu de la nuit avec seulement quelques francs français en poche, croyant sans doute découvrir un guichet automatique à mon arrivée à l'aéroport. Heureusement, un guide touristique compréhensif m'offre l'hospitalité et propose que je le paie seulement le lendemain. Très bien.

Pour cette première nuit africaine, il fait si chaud et tellement humide ! La modeste chaumière d'Abdulaï n'a aucune climatisation. Je suis incapable de dormir. Chacune de mes tentatives est interrompue par des compétitions d'escalades de rideau auxquelles participent une bande de coquerelles hystériques.

Six heures du mat se pointe et ma décision est prise : vive l'hôtel ! Avec un Abdulaï toujours compréhensif, je monte dans un taxi (qui, entre vous et moi, n'est pas trop dépaysant, le chauffeur était Noir...) à destination de la banque la plus proche afin de payer mon dû. Arrivé au comptoir, je présente comme à l'habitude ma carte Visa pour obtenir de l'argent liquide. Le préposé me répond que c'est impossible : la banque n'accepte pas cette carte. Je remonte alors dans mon taxi à la recherche d'une deuxième banque. Là-bas, même manège, on me renvoie sur mes pas : on ne prend que les chèques de voyage. À la troisième banque, c'est pareil. Sauf que le compteur du taxi s'élève maintenant à 16 dollars et qu'Abdulaï commence à être un peu moins compréhensif. Arrivé à la quatrième banque, bonne nouvelle, on accepte ma carte Visa ! Youhaha ! Et là, soudain, la caissière revient avec la carte en me faisant un étrange signe de la tête. « Quoi ? Comment ça, transaction refusée ? ! !, que je lui lance. C'est impossible ! Pouvez-vous recommencer ? » Incroyable mais vrai, même la seconde fois, c'est impossible de recevoir une autorisation. Et là, on est vendredi et les banques ferment toutes à midi. Épuisé. Aucun sou en poche. Un taxi qui attend dehors. Une pension à payer. Et on me dit que c'est impossible de retirer de l'argent ! « Écoutez, c'est une carte avec de l'argent dessus. Il y a des fonds, j'ai même reçu la confirmation hier !

- Non.
- Il y a bien une autre banque qui accepte Visa à Dakar ?
- Oui. Celle d'en face !
- Ah bon...
- Mais elle est en grève. »

Même Wickie le petit viking aurait commencer à paniquer... C'est finalement la gentille Sylvie Mathas de l'Ambassade du Canada à Dakar qui me sauve la vie. Et malgré mon allure de Grizzly Adams, les femmes de l'Ambassade (Sylvie, Chantal, Gisèle...) m'invitent à dîner. Un cheeseburger à l'Ambassade des States. Bien chouette !

9 octobre 1995

Déjà deux mois se sont écoulés. L'excitation du début s'est quelque peu estompée. Le solitude se fait sentir. L'émission qui vient d'entrer en ondes amène, qu'on le veuille ou non, une bonne dose de stress. Il faut fournir et moi, j'ai déjà l'impression d'avoir tout dit. Cinq films et ça pourrait s'arrêter là. Il fait encore atrocement chaud et humide. Surtout prisonnier de ces murs blancs. La création ici, c'est 5 % d'inspiration et 195 % de transpiration.

12 octobre 1995

Il paraît que ma mère s'inquiète, je lui ai dit au téléphone que j'étais *down*. En fait, c'est pire. C'est peut-être le lariam (le médicament anti-paludique officiel de la Course destination monde !) qui frappe. J'ai le cœur fragile, j'ai envie de brailler. La chaleur m'écrase et ce soir, j'ai peur, j'angoisse, je suis seul. Mon film n'est pas terminé. Ben merde, il sera en retard.

14 octobre 1995

Je me sens légèrement Kurt Cobain. J'ai maigri. Je suis cerné jusqu'aux genoux. In extremis, une jeune coopérante québécoise au Sénégal a coopéré à me remonter le moral avec son esprit attentif. Elle s'appelle Caroline Olivier, elle a le regard clair et rassurant, et, de plus, elle ressemble étrangement à notre réalisatrice Monique.

Keur Momar Sarr, Sénégal, 15 mai 1996.
Je sais que le Sénégal n'a pas été une partie de plaisir pour lui. Honnêtement, ce fut même plus difficile que vous ne pourriez imaginer. J'ai vu le Stéphane que vous n'avez pas vu lors de la Course, celui que vous ne verrez jamais. Celui au regard pur, plein de tendresse. Celui aux mille sens, plein de mystères. J'en suis sortie bouleversée. Je voulais tellement que le public soit conscient de cette beauté, qu'il soit renversé de son divan lors du visionnement de l'émission. Je suis certaine que cette onde n'a pu traverser l'écran, tout simplement parce que Stéphane n'a pas voulu. Tant de discrétion m'oblige même à penser qu'il ne publiera pas un traître mot de ce que j'écris présentement.

Caroline Olivier, Ing. F.M.Sc.
Coopérante-volontaire au Sénégal

17 octobre 1995

L'arrivée de Philippe fut une bénédiction. Rigoler, boire un coup, sortir avec l'ami Assane, chanter du Mariah Carey à rendre cinglés tous les chauffeurs de taxi de Dakar et nous faire pointer un *gun* de police dans le front furent nos principales activités durant cette semaine. Merci Phil !

Un jour, nous avions passé l'après-midi sur la plage de l'île de Ngor, mais sur la traversée, la machine de la pirogue s'est arrêtée et avant de prendre une autre pirogue, Philippe et Stéphane ont joué une pièce de théâtre nommée « Jésus » et ça faisait rire tous les passagers dans la pirogue jusqu'à en oublier nos soucis.
[...]
Stéphane, est-ce que tu te rappelles le jour où je t'avais invité à dîner à la maison et qu'on avait préparé un plat sénégalais et que tu ne l'aimais pas, je te signale que je te comprenais très bien et ce dîner, nous l'avions fini en ville dans le restaurant habituel.
[...]
Mais le jour où on a déconné le plus, c'est le jour où Stéphane voulait filmer des belles filles pour un de ses films, c'était une poésie de Léopold Sédar Senghor. Et ce jour-là, parmi toutes les filles qu'on avait vues, tu en avais choisi une, mais elle avait refusé et chez elle, elle nous avait dit « la prochaine fois » ! Et en cours de route, Stéphane m'avait dit de retourner essayer une deuxième fois puisqu'elle nous avait dit « la prochaine fois » !
Maintenant, je te rappelle que j'ai besoin des chaussures de basket Nike ou Reebok, tu sais en Afrique les temps sont durs. Je te quitte en espérant de recevoir ton courrier à chaque fois que tu pourras m'écrire. Bye bye !

Assane Thiaw, ami habitant Dakar.

Épilogue sénégalais

Devant cette spacieuse villa, mon pouls s'accélère. Le sympathique gardien sénégalais nous a demandé d'attendre un instant pour aller informer l'heureux propriétaire de notre présence. Ça y est ! Stéphane, tu ne peux plus reculer, *this time you've gone too far*. Caroline est à mes côtés, et si nous sommes si fébriles, c'est que le propriétaire de la villa est nul autre que Peter Gabriel. Deux minutes plus tard, je regarde Caroline : « Caro, c'est toi qui parle, O.K. ?

- Quoi ? ! ! »

Le gardien revient, seul : « Monsieur Gabriel est en train de faire la musique avec les musiciens de Youssou N'dour, mais vous pouvez patienter un instant. » Bien sûr mon ami.

Soudain, bang, notre idole se pointe. Petit homme au charisme foudroyant, il nous tend la main à tour de rôle. Nous avons le sourire figé et tentons de dire une phrase ou deux intelligibles. Nous expliquons que nous sommes *from Quebec* et il rétorque en français : « C'est une grande journée pour vous, aujourd'hui ! » (C'était le 30 octobre 1995. Vous vous en souvenez ? Les journaux du monde entier en parlaient chaque jour.) Ensuite, la conversation ne s'est pas étirée trop longtemps, il a lancé qu'il devait retrouver ses musiciens et j'ai conclu en lâchant à travers un sourire crispé : « Nous avons bien hâte d'entendre cela sur votre prochain album, monsieur Gabriel ! »

Cucul ! Nousavonsbienhâtedentendrecelasurvotreprochainalbummonsieurgabrielshit !

Katmandou, Népal, 25 novembre 1995.

Je loge au Everest Hotel, dans une coquette petite chambre au 348e étage. En contemplant le ciel étoilé de ce Népal enchanteur, j'ai l'âme philosophe. En parcourant le monde, j'ai pu constater trois grandes vérités. La première, je pense que partout au monde les gens pleurent et rient pour les mêmes choses ; la deuxième, le confort est quelque chose de très relatif ; et pis la troisième, Céline Dion est populaire en tabarslaque !

Viêtnam æternam

Je ne sais trop comment expliquer ce coup de foudre avec le Viêtnam. Pourquoi on aime d'abord ? C'est toute la paix intérieure ressentie en présence de quelqu'un ou d'un pays qui fait que l'on cherche à faire durer ce plaisir éternellement. J'avoue que j'ai fait le pitre pour les voir rire, les gens de ce peuple doux, simple et fier. Je me souviens aussi de ces délicieuses soupes à l'odeur de caramel au coin des rues, des amazones angéliques à dos de mobylette et des rizières vert lime à perte de vue qui sont pure poésie pour les yeux.

En prime : l'accueil exceptionnel d'une famille québécoise à Hanoi, les Larochelle, et la complicité qui est tout de suite apparue et qui restera un joyau dans mes souvenirs.

> *Nha-Trang, June 12.*
> *One day, I was accepted to work for Lizard restaurant. I was nervous in my new work because I would meet a lot of foreigners we didn't like before — you know my country spent the wars — but when I met a Canada boy who I met the first day I went to work I think differently. His name is Stéphane, he is very handsome, his eyes are full of belief I will never forget them. When he walked into the room I was asking my colleague about my work, suddenly I*

heard a loud laugh behind me. I turned me and I saw a boy joking with one of my colleagues. I felt to like that boy at the first time and I wanted to make friend with him. He is very funny, he can draw very well. He drew my colleague's face. I was really interested in them so I asked him whether he could draw my face. He agreed and began to draw but when he finished my photo, I was disappointed because my face looked funny. Then he apologized me for my photo. I didn't felt angry. [...]

Vô Thi Thuy Tram, amie de Nah Trang.

J'ai eu la chance de passer la semaine en compagnie de Marie-Noëlle et Philippe, à Hanoi, puis dans les décors somptueux d'*Indochine*. C'était vachement bien, j'vous raconte pas.

Thaïlande

Le bien et la malle

C'est touchant et même troublant de recevoir autant de courrier. Je me revois encore avec Natalie dans notre bungalow de Noël, entre les gorgées de vodka-jus d'orange, en train de dévorer notre quantité de lettres. Nous en étions *addict*. Plusieurs de ces lettres ont eu un sacré effet, juste à penser à celle de Revenu Canada ou encore à celle de Bell Téléphone.

Il y avait des gens de ma parenté, mais aussi des dames, des messieurs, des admiratrices, des étudiants, des jeunes, de purs inconnus mais tous des gens avec énormément de goût. Moment magique. Réaliser noir sur blanc que nous faisions partie de leur vie, de leur réalité. Des cartes de Noël, des petits mots me rappelant de tenir bon, me décrivant les odeurs du Québec, me félicitant, m'envoyant les douceurs dont un coureur a bien besoin. Merci les anges ! Ce fut le plus beau Noël de toute ma vie.

« À peine il ne portait plus la couche qu'on lui a enfilé le short blanc du combattant. Pour une question d'honneur, pour une question de gros sous. Puis les espoirs des promoteurs sont devenus les siens : devenir le plus grand des boxeurs thaïlandais. Himu, 12 ans, poids plume aux rêves poids lourds.
Dans le coin gauche, son opposant, Yi Kumkan, véritable champ de mines à la verticale... Il a déjà envoyé au tapis huit adversaires, sans compter toutes les gardiennes. Himu s'accroupit le temps d'un wai kru pour concilier les faveurs des dieux. Car, vous vous en doutez bien, Bouddha est un atout de taille dans un ring !... Autour, on hurle à tue-tête ! La foule de parieurs salive. Certains fa-

natiques transpireront plus que les boxeurs, gardant les doigts croisés pour un possible coma qui ferait tripler la mise...
*[...] Coups de pieds, poings, genoux, coudes, tous les coups sont permis. La boxe thaï héritée de la guerre du Siam et perfectionnée au XVII*e *siècle est aujourd'hui une véritable institution. En Thaïlande, on trouve pas moins de 6 000 camps où on forme plus de 66 000 boxeurs professionnels. »*
Chop, entraîneur et promoteur de boxe thaï, dit:
« Nous recrutons les garçons vers l'âge de huit ans, dans le but d'en faire des champions. Mais lorsqu'on débute jeune, on doit s'arrêter tôt. Sinon, on termine à 30 ans aveugle ou paralysé. »
—Extraits du film *Himu 1, le sourire du tigre*

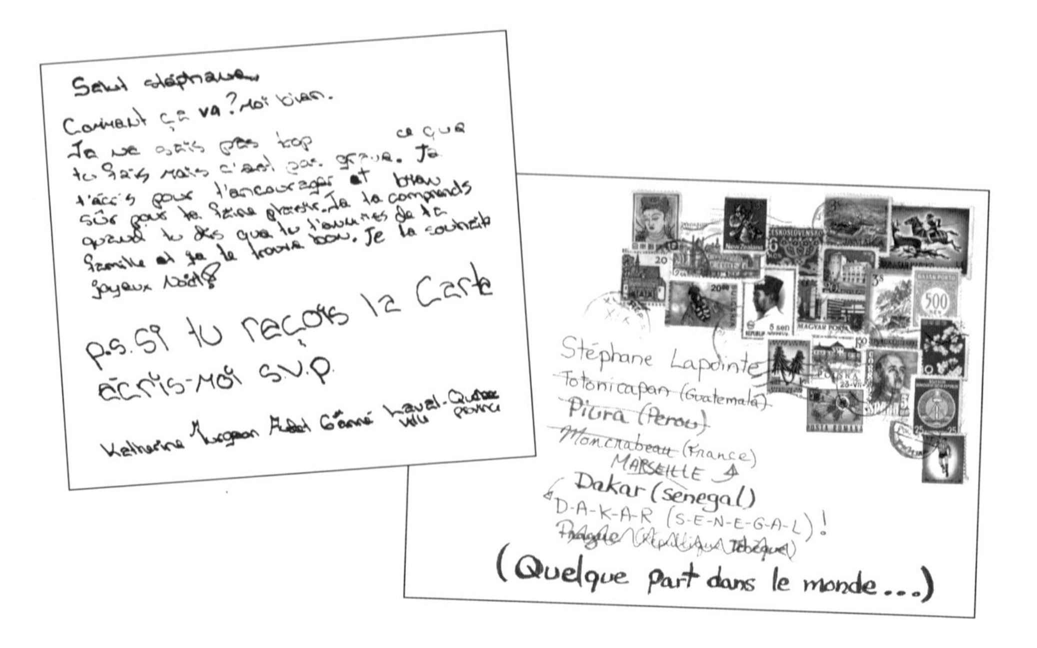

Kunming, province du Yunnan (Chine), 31 décembre 1995.

Kunming. Mon plus gros choc culturel a été de ne pas trouver de compagnie postale fiable. On n'y trouve qu'EMS et il se trouve qu'on la cite en exemple dans notre *Bible du coureur* — dans la liste des compagnies à éviter à tout prix. Juste pour vous dire, lorsque j'ai demandé au comptoir EMS de Kunming à quelle heure partait l'avion, tous les employés sont partis à rire. Rassurant. J'ai donc prévenu la réalisatrice Monique à Montréal de guetter le prochain pousse-pousse qui passerait devant Radio-Canada.

En ce soir du nouvel an dans la province du printemps éternel, je suis tout seul. Ouais, tout seul en Chine avec son milliard de Chinois, c'est dur à croire, mais voilà, je me prépare à défoncer l'année en solitaire. À moins, bien sûr, que le milliard de Chinois se soit caché dans le garde-robe de ma chambre, attendant pour me faire une surprise.

Ouais, ce soir est triste à mourir. Devant l'hôtel, un sapin ridicule avec une puce électronique qui joue sans arrêt la même ritournelle de Noël aiguë à faire brailler un chien. Au Holiday Ing (version chinoise de la célèbre chaîne) juste en face, ça fête en mononcle. Y a deux prostituées qui m'invitent à monter, mais vu que j'ai plutôt le goût de fêter debout ce soir-là, je pars prétextant que je dois aller arroser ma dinde dans le four.

Il est minuit moins cinq. J'ai quasiment le cœur gros, alors je me paye une folie. J'appelle un vieux pote qui se trouve à midi moins cinq, de l'autre côté de la planète, qui vient de se réveiller dans un St-Romuald enslushé : « Éric, pourrais-tu me faire une faveur ? » J'expliquai et il s'exécuta, avec talent il va sans dire : « 10-9-8-7-6-5-4-3-2-1. Bonne annéééééeee ! ! ! ! C'tu correct ?

- Pis avant de raccrocher, ce serait-tu trop te demander de...

- O.K. Ce n'est qu'un au revoir, mes frères... ♩♬♩♬♩♬ »

0 h 20. C'est dans l'temps du Jour de l'An !

Minuit et vingt. On dirait que ça fait deux jours que j'ai raccroché pis ça fait même pas dix minutes. Il y a une affiche à la réception du Kunming Hotel qui annonce en belles lettres colorées des massages thaï et bon sens, je sais pas si c'est à cause de la qualité de la calligraphie, mais ça me tape dans l'œil chaque fois que je passe devant.

Je me rends donc dans la petite salle tout près de la réception. Une jolie chinoise me répond avec un sourire qui pourrait faire fondre un iceberg. Je réussis à savoir que ça me coûterait un extravagant 45 dollars US pour une séance de deux heures de massage. Bon. Puisque je me sens un peu iceberg moi-même, je décide que ce Jour de l'An allait en être un mémorable et accepte l'offre. « *In your room ?*

- *O.K. Room 2122. In ten minutes ?* »

Elle me sourit de nouveau. Ouf ! Quel Titanic !

Dix minutes plus tard, j'entends toqueter divinement sur la porte de ma *room 2122*. J'ouvre, heureux comme on l'est toujours dans le temps des fêtes. « *Hi !* » Lorsque j'ouvre lentement les paupières, c'est la surprise ! Mais qui est la fille qui se tient devant ma porte ?

- « *Massage ? O.K. ?*, me lance cette nouvelle inconnue au visage quelconque.

- Wouin, *come in.* »

Le Titanic avait disparu dans les profondeurs de l'hôtel quelque part et on m'avait envoyé un pédalo à la place. *Anyway*, qu'allais-je m'imaginer ? Ce n'était qu'un massage pour me détendre après tout, pour mettre un baume sur une petite solitude passagère.

Je m'étends sur le lit, elle commence. En passant, vous vous souvenez de la blague du gars qui se donne des coups de marteau sur la tête pour la seule raison que ça lui fait du bien quand il arrête ? Eh bien, les massages thaï, c'est la même chose ! La fille te place un pied dans la face pour t'étirer le bras, te fait brutalement craquer les orteils, t'embarque à genoux sur la tête, te marche dans le dos ! « Ayoye dong ! »

Ce fut un deux heures de massage assez sauvage ou plutôt, une heure de massage car la deuxième heure, la petite masseuse l'a passée à *m'astiner* pour avoir un pourboire de 200 yens (22 $!). « *What ? !* » Elle menaçait même de me refaire craquer les orteils. Lorsque je lui expliquai poliment qu'il n'en était *crissement* pas question, elle commença à me balancer un tas de trucs en mandarin. Probablement un paquet de mots doux à en voir les flammèches dans ses yeux. Et moi qui pensais que les massages, c'était pour se détendre.

Le docteur Ho et ses thés médicinaux

Trois quarts d'heure de promotion pendant lesquels le fils du docteur nous fait lire les dizaines d'articles de magazines portant sur son célèbre papa et des tas de lettres de partout au monde louangeant le docteur pour ses miraculeux services. Pour qu'on y croie nous aussi. La médecine douce, c'est comme ça. Le docteur Ho pouvait guérir n'importe quoi. Avec Paul and Mary, Fu Min et moi regardions, amusés, le spectacle dans la clinique exiguë du docteur Ho. Comme mes amis hollandais, j'ai finalement acheté quelques sacs de thés magiques. Un pour les migraines de ma mère et un autre pour la relaxation. Le docteur Ho, face aux petits monticules de thés multicolores étalés devant lui, se concentrait. Avec une cuillère, il mesurait à l'œil les ingrédients de chacune des mixtures secrètes, la solution à tous nos maux. On donnait ce qu'on voulait. J'ai laissé 80 yens.

Paul and Mary go to Lijiang.

Let's introduce ourselves. We are Mary and Paul from Holland. At the time we met Stéphane we were on our honeymoon. Before you start looking at the map of Holland we have to add that we are talking about China. The most important reason to spend our honeymoon in this fascinating country is that the Chinese people don't show any interest in foreigners. So China was the perfect place for us because it would give us all the privacy we were seeking.

We sat down at a little table at the Sanhé Hotel and ordered a nice big bowl of chinese noodle soup. This is in fact the traditional chinese breakfast. There is only one other person eating an extraordinary meal. His little table is stuffed with all kinds of dishes. He is a traveler just like us and he is staring at us. He looks like an artist, long blond hair and round glasses which make him appear rather intelligent, friendly and funny at the same time.

We say hello and we ask him where he is coming from and how long he is in Lijiang. Then he starts talking. His name is Stéphane and tells us about la Course [...] After about fifteen minutes of chitchat and getting to know each other, Stéphane wants to introduce his parents to us. We look surprised and we follow him into his hotel room. We see no parents, only a lot of bags, clothes and film-making equipment. He turns on a Sony watchman. We see Stéphane interviewing a not so famous artist in Peru, crossing a Spanish street like a matador, participating in a festival of liars in a French Village and then we see his parents.

We spent one week together and it was great, except for one thing. For all the young couples who want to go on honeymoon: go to China but beware of Stéphane. He is a nice guy but watch out you can't be alone for at least one week!

Paul and Mary, Holland.

Kunming (Chine), 12 janvier 1996.

Là, j'ai vraiment la chienne. Alors que je cherchais désespérément un sujet de film, un Chinois m'accoste sur le trottoir. Il parle anglais. L'air misérable, un toupet gras qui tombe sur d'épaisses lunettes et une petite veste beige qui le protége bien mal de la froideur de la saison. Sous le bras, il a une pile de textes photocopiés qu'il vend pour un dollar. Ces textes racontent en anglais des histoires atroces, des histoires vraies qui ont encore lieu en Chine et que le brave homme a le courage de raconter. Parce que le gouvernement a essayé de tuer son bébé. Parce que sa nièce s'est fait acheter par un salaud. Parce qu'il y a trop d'histoires affreuses en Chine.

Je l'ai écouté. Il m'a souri. Je lui ai fixé rendez-vous pour le lendemain matin au déjeuner. Je voulais faire éclater au grand jour ces vérités trop vraies.

Le lendemain, nous avons monté discrètement l'escalier de l'hôtel, installé le *set-up* de l'entrevue dans ma chambre exiguë. Je l'ai filmé une demi-heure durant laquelle il m'a parlé de choses révoltantes. De la naissance de son fils et ses choquantes péripéties jusqu'à l'histoire de place Tianan men... Et lorsque je rembobinais la cassette, il m'a demandé que l'on ne voie jamais son visage. Évidemment.

Le soir même, je rencontre des Français qui sillonnent la Chine depuis un moment et je leur fais part de ma troublante rencontre. Et là, ils sursautent. « Quoi ? Qu'est-ce qu'il y a ? », leur demandai-je.

Il arrive que des Chinois arrêtent des touristes sur la rue pour leur parler des droits humains bafoués en Chine, leur vendre des documents. Et il se trouve parfois que ces Chinois à l'air malheureux sont en fait de connivence avec la police et que ce mélodrame se révèle être un piège à touristes! Il faut se souvenir que la Chine est un pays pauvre et que plusieurs sont prêts à pas mal de choses pour de l'argent. Donc, la police chinoise débarque au beau milieu de la nuit dans la chambre du touriste qui ne comprend rien, elle découvre les documents et fout le pauvre touriste en prison. Qualifié de réactionnaire, on demande au pauvre type de se dégoter 10 000 dollars s'il veut sortir du pays. Argent qui sera séparé entre les différents paliers d'intervenants.

À partir de là, je sais pas pourquoi, y a comme un léger stress qui s'est emparé de moi. J'ai téléphoné à Radio-Canada pour demander quoi faire, on m'a répondu : « Débrouille-toi, mon vieux, si tu sens que ta sécurité est menacée, débarrasse-toi de tout ça. » Je me suis débarrassé rapidement des petits journaux, mais qu'allais-je faire avec la pièce à conviction maîtresse ? Merde, le Chinois sur cette cassette a pourtant l'air si sincère!...

Ce film, je le jugeais important et je décidai de ne pas m'en départir. Alors, ce que j'ai fait (vous savez, parfois, en état de panique, on peut faire des choses bien ridicules): j'ai inscrit sur le carton de la cassette : *Our Wonderful China. Huguette & Roland in Honeymoon.* Et attendant d'envoyer le tout par la poste, j'ai caché la cassette maudite dans la poubelle de la salle de bain sous une pile de *kleenex*.

Couché, j'imaginais les pires scénarios. Et si on m'embarquait au milieu de la nuit, qui serait au courant?

13 janvier 1996

Impossible d'expédier la vidéocassette par courrier sans une inspection au préalable des douanes chinoises. Oh oh! Je laisse tomber. Je change de chambre à l'hôtel pour une à proximité de la réception. Je me sens comme James Bond. Sur la rue, je jette sans cesse un coup d'œil derrière, autour, scrutant les regards louches, vérifiant si le taxi est suivi ; à l'hôtel, partout... Bon là, ça va faire ! Je file à une agence de voyages: «*I would like to leave tomorrow if possible. Not the 17, but the 14. Please.*

- *O.K. What's your name ?*

- *My name is Lapointe. Stéphane Lapointe.* »

Je me rends à l'aéroport. J'aurais peut-être dû prendre davantage de précautions, comme avaler la cassette dans un condom. Je me présente au comptoir, y laisse mon intrépide sac à dos et le regarde s'en aller sur le tapis roulant.

Je dois maintenant passer le contrôle de sécurité où on va sans doute me poser des questions. C'est encore plus énervant que l'entrevue de sélection de la Course, je me sens comme dans *Midnight Express*. Je souris aux inspecteurs chinois qui sont, ma foi, très sympathiques. Bizarre. Une femme regarde à l'intérieur de mon sac de

MYTHE N°6 : LE COUREUR EST ACCOMPAGNÉ PARTOUT OÙ IL VA D'UNE ÉQUIPE DE TECHNICIENS, CAMÉRAMAN, RECHERCHISTE, METTEUR EN SCÈNE, MONTEUR, MASSEUSE, CHORÉGRAPHE, ETC.

Bien sûr, c'est faux (et si c'était le cas, faudrait absolument pas que ça se sache, non ?). Le coureur doit donc posséder un léger décuplement de la personnalité. Le coureur est un véritable héros: en plus de contrôler toute la logistique, il est seul à bûcher comme un malade 20 heures par jour, il s'épuise, angoisse, carbure au café et au ginseng, tente de préserver sa bonne humeur et son moral d'acier pour réussir à créer l'impossible, puis encaisse les jugements sans jamais rouspéter un instant. (Impressionnés ?)

caméra. «*China is beautiful!* Ha ha ha!» Elle me regarde. Je ravale mon sourire, rezippe le sac et me tire. Arrivé face au dernier gardien armé, je lance un «*Ni Ao*» (le bonjour chinois enseigné dans un des cours de langue de Manon). Soudain, un pas plus tard, impossible d'avancer. Le garde me retient! «Quoi ?» Je le regarde. Il me sourit et me dit «Ni **Ao**»

- Hein ?...» Et le type armé qui se met à corriger mon accent chinois! «*Thank you*! que je lui dis et lui qui s'empresse d'ajouter :

- *Thank you in Chinese is chéi chi! And do you know how to say "how are you" in Chinese ?*»

J'écoute ses interminables leçons de mandarin, anxieux de m'asseoir dans la salle vitrée et maintenir un regard innocent sur les beaux tizavions.

Mon sac à dos et moi arrivons sains et saufs à Hong-Kong. Finalement, j'ai renoncé à mon film-choc pour plusieurs raisons (dont, entre autres choses, l'absence d'images utilisables) et me suis mis à l'écriture de mon prochain, plus léger cette fois, qui s'intitulera *Comment survivre (un peu) au Japon.*

Japon

Lorsqu'on m'a foutu la carte du monde sous le nez en juillet dernier, le Japon fut mon premier choix. J'ai toujours été émerveillé, fasciné par le Japon. Oui, à cause de la beauté japonaise, mais aussi pour toute la mythologie, les coutumes, les couleurs, la délicatesse nipponne, Goldorak, Démétan...

Il faut des années avant de se conformer à tant de rituels, de coutumes et de règles de bienséance. Les traditions japonaises sont ancrées si profondément, que même les sans-abri de Tokyo qui vivent dans des boîtes de carton laissent leurs chaussures à l'extérieur, bien rangées près de la porte.

Le Japon est un des pays les plus sécuritaires qui soient. La seule chose qui risque de se faire dérober ici, c'est... une petite culotte féminine sur une corde à linge. C'est la folie. Dans les jeux télévisés, on braque la caméra sous les jupes des filles, y a des magazines complets de paparazzis de la petite culotte et mieux encore, j'ai entendu dire que des collégiennes vendent leurs slips non lavés à prix d'or à la sortie de l'école.

Lors d'un 5 à 7 à l'Ambassade donné en l'honneur de Robert Lepage, dont la pièce « Le Polygraphe » est présentée en japonais au Festival de Théâtre de Tokyo, j'ai le bonheur de converser un moment avec lui. Comme un vieux copain, il me parle des coulisses de son prochain film, du Japon et de la Course.

Heureusement, je fus reçu par de chouettes Québécois (Maryse, Stéphane, Maxime et Annick qui sont devenus des chums d'enfance en quelques minutes !) Car tant de pays industrialisés m'ont coûté la peau des fesses. France, Sénégal, Hollande, Thaïlande, et finalement le Japon, a été la citrouille sur le *sundae*. J'ai défrayé au total un p'tit 3 000 piasses de ma poche (et de celle de quelques copains, merci Gilles !)

Tokyo, 2 février 1996.

Aujourd'hui, je viens d'apprendre que la ville de Lijiang a été le théâtre d'un violent tremblement de terre : 7,2 à l'échelle de Richter ! Ça m'a foutu un coup, j'ai tremblé à mon tour. Il y a même pas deux semaines, j'étais au Shané Hotel dans le Old Town of Lijiang, qui est actuellement, selon les médias, sous les décombres. Et Fu Min, ma bonne amie chinoise ! Merde. J'ai tout de suite téléphoné pour m'enquérir de son état. « *Oh Stephane, I'm so happy to hear you again. I'm okay. My family is okay. There is only a little crack on the wall of the living room. But in all the city, it's very bad.* » J'étais soulagé d'entendre sa petite voix, de savoir qu'elle allait bien. Les drames dans le monde n'auront plus jamais la même portée. Voyager humanise les petits films et les personnages qui défilent au-dessus de l'épaule de Bernard Derome.

Bout de Course

Au fil de ce parcours, je me suis perdu souvent, je me suis trouvé parfois. À bien des endroits, je serais resté. Dans ce motel de Phoenix, Arizona, je fais pour la dernière fois mes bagages. Je reviens chez moi les pieds en feu, le dos en miettes, le cœur légèrement écorché, la peau rongée par le Muskol, le poignet costaud, le front en accordéon, mais, par-dessus tout, le sourire large et vrai.

Après la télé, ce sont maintenant ces pages qui arrivent à échéance et j'ai l'impression de n'avoir rien dit. Bon ben, si vous en voulez plus, invitez-moi au restaurant...

LETTRE D'UN PROCHE

Stéphane n'a pas percé les derniers secrets de l'Égypte. Je ne l'ai pas vu risquer sa vie dans le Triangle des Bermudes ou sous les roues d'un camion et pourtant... Le p'tit blond a tourné et retourné la planète ! Il l'a conquise comme il a conquis les gens sur son passage, comme il nous a conquis, moi et ma mère et son chat et probablement les puces de son chat s'il en avait eues. Jamais banal, pour dégoter ses sujets, Steph a contourné le pauvre et le terne. Il nous a servi l'inédit, guidé par l'esprit des gens et des amours fugaces, par les amitiés éparpillées, perdues et retrouvées. Six mois de fraîcheur qui ne se sont jamais gâtés. Jamais deux fois le même plat. Jamais il n'a utilisé une même recette pour un deuxième service. Dix-huit films. Tous différents, simples, ingénieux, à l'image de ses rencontres et de sa Course.

Mario Marchand, vieux camarade.

Un grand merci à vous, les complices de la route :

AU GUATEMALA : Magda, Elcira Flores de Paz, Claudia et Edgar, Julia Sanchez du CECI, Andrea Giron de l'Ambassade ; AU PÉROU : Virginia Ramos, Carmen Rosa, Edouardo Galvez (chauffeur de taxi à Lima : 34. 80. 774.) ; EN FRANCE : Églantine et Laurent, Guy Carrara, Gilbert Launet, Martine Launet, MariLuz Perez Garcia, Marie-Laure, toute l'équipe des Deschiens ; EN ESPAGNE : Paola Juan Juan et sa famille, Monica Perez Garcia ; AU SÉNÉGAL : Marcel et Céline Forget, les femmes de l'Ambassade du Canada, Assan Thian, Lucie Langlais Gagné, Gino Pelletier, Caroline Olivier, Daniel, Guitée, Hélène Tine du BACC, Kathelijne Opstaele ; EN RÉPUBLIQUE TCHÈQUE : Lise Joubarne, Jeremy; en Hollande: Anne Plamondon, Alexandr et Renata, Gerhard Rekvelt et Matthieu Van Diepen ; AU NÉPAL : Diane du CECI, Jacques Veilleux, Tanka, Amala, la famille Irakienne ; AU VIÊTNAM : Nguyen Thuy Thao, Vô Thi Thuy Trâm, Nhung Dinh Thi, Danielle, Jean-Guy et Julie Larochelle, Pascal Jousselin et Velours de Rose, Nguyen Bich Van ; EN THAÏLANDE : les auteurs du précieux courrier, Natalie Martin, Chop ; en Chine: Fu Min, Paul and Mary, Isobelle Tsui et Henry, Su Yu Jing, Alain Evrard, Franck Soville, Tim McGrath, Nicole Van Dahle ; À HONG-KONG : Ian ; AU JAPON : Naomi Tagan, Aiko Maekawa, Aya Nishio, Kuniko Ikeda, Maryse Larocque, Stéphane et Maxime Jobin, Annick, Philippe et Sophie, Hiroko Sasaki, Sanae Nakijima, Robert Lepage ; EN ARIZONA : Stephen Bridge, Sonya.

Le Mur des Lamentations dans la vieille ville de Jérusalem. **Israël**, *Patrick Brunette*

Sur le vif, route entre
Christchurch et Hokitika.
Nouvelle-Zélande, *Natalie Martin*

Village de Talat Nin Walen.
Les siècles passent sans jamais s'y arrêter.
Maroc, *Manon Dauphinais*

Au temps de la Route des Esclaves afin de forcer le souvenir. **Bénin**, *Manon Dauphinais*

Lijiang (Chine), *Stéphane Lapointe*

Toujours au poste, rue de Hanoi.
Viêtnam, *Natalie Martin*

Îles Salomon, *Philippe Desrosiers*

Ce jour où j'ai suivi les moutons...
dans la vallée du Haut-Atlas.
Maroc, *Manon Dauphinais*

Une averse appréciée à Port-au-Prince.
Haïti, *Patrick Brunette*

Papouasie (Nouvelle-Guinée), *Philippe Desrosiers*

Inde, *Stéphane Lapointe*

Italie, *Marie-Noëlle Swiderski*

Fameux voyage en bus entre la Chine et le Pakistan.
Karakoram Highway.
Chine, *Linda Lamarche*

Photo du plateau de tournage de
Ces femmes qui travaillent trop
à Oyen, au nord-ouest du Gabon.
Gabon, *Jean-François Coulombe*

Aube sur... buffles.
Nong-Bua (Thaïlande du nord), *Natalie Martin*

Petite Népalaise des montagnes, joue-moi un air pur. **Népal**, *Stéphane Lapointe*

J'aimerais bien comprendre ce qu'ils se racontent.
Beauté de l'âge autour du Lac Ho hon Kiem.
Hanoi (Viêtnam), *Natalie Martin*

Îles Salomon, *Philippe Desrosiers*

NATALIE MARTIN

Un jour, un rêve est

passé, mais mon échelle

était trop petite, il

manquait des barreaux.

Alors, je me suis

fabriqué des échasses et

j'ai tressé un lasso.

Itinéraire

13 août	Mirabel - Tchin tchin Marie-Noëlle! Humm... pas mal ce vin rouge. Amsterdam. À bientôt belle dame... Dans six mois!	avion
23 août	Amsterdam - Paris	avion
31 août - 3 sept.	Angoulème - Paris - Angoulème	voiture
5 septembre	Paris - Dar Es Salaam (Tanzanie)	avion
24 - 27 septembre	Dar Es Salaam - Zanzibar - Dar Es Salaam	bateau
27 septembre	Appel à Montréal: « Salut la gang! Finalement, l'Afrique, c'est génial. » - « Comment, es-tu encore là ? » - «Oui, je prends l'avion dans deux heures à 00:45 » - « Natalie, le 27 à 00:45, ça veut dire le soir du 26. » - « Oh oh... Je suis dans la merde là hein?! » - « Mmmm... oui. » Monique rigole et me compare à Ricardo Trogi (pas pour le talent bien sûr, mais pour les gaffes). P.S. Merci à Danielle Harrison de l'agence Rythmes du monde pour avoir réussi à régler tout ça sans toucher à mon fonds de pension.	
29 - 30 septembre	Dar Es Salaam - Amsterdam - Prague	avion
12 octobre	Prague - Bucarest - Brasov - Bucarest	avion, taxi, train
18 octobre	Bucarest - Istanbul	avion
9 novembre	Istanbul - Tbilissi	avion
27 novembre	Tbilissi - Istanbul (pas encore)	avion
29 - 30 novembre	Istanbul - Amman - Doubai - Katmandu	avion
15 décembre	Katmandu - Bangkok - Chang Mai	avion
18 - 22 décembre	Chang Mai - Nong-Bua - Huay-Din-Dam - Pakhaolam - Chang Mai	autobus, jeep éléphant, marche, radeau
23 décembre	Chang Mai - Bangkok (Joyeux Noël Stéphane!) - Hua-Hin	avion,train
29 décembre	Hua-Hin - Bangkok	train
30 décembre	Bangkok - Hanoi	avion
9 - 13 janvier	Hanoi - Thai Nguyen - Hanoi	jeep et conducteur loué, train
13 janvier	Thai Nguyen - Hanoi	train
15 janvier	Hanoi - Hô Chí Minh-Ville	avion
16 - 19 janvier	Delta du Mékong	moto, le bonheur
21 - 22 janvier	Hô Chí Minh-Ville - Jakar... tempête - détour sur Surabaya - Jakarta - Auckland (Nouvelle-Zélande)	avion
29 janvier	Auckland - Christchurch	avion
2 - 6 février	Christchurch - Hokitika - Christchurch	train, voiture
7 - 8 février	Christchurch - Auckland - Kuala Lumpur - Los Angeles - San Francisco	avion
18 février	San Francisco - Los Angeles... ouein ben Philippe, ça m'a tout l'air que... - Dorval Salut Course, on se reverra bien un jour.	avion

NAVIGATION

6 juillet 1996, 17 h 20, Caraquet (Nouveau-Brunswick).

Je suis ici depuis exactement un mois avec l'impression que je pourrais y rester toute ma vie. Je me plais à penser qu'il serait possible qu'on oublie même la trace de mon existence et que je demeure là, seule, entourée de la musique, du porto et des livres que j'ai apportés avec moi.

À mon retour de Course, j'en avais rêvé de cet exil, parce qu'il me semblait qu'après avoir tant couru, il fallait réapprivoiser la marche.

Depuis longtemps je ne me suis pas sentie aussi sereine, comme en permission. J'ai la douce impression de voler du temps au temps et d'être enfin là pour le regarder passer.

Devant moi, il y a la mer. Le spectacle le plus apaisant que je connaisse. C'est ici que je tenais à débuter ce projet de rédaction, dans le calme et la solitude, ce qui constitue toute la quête de ma Course.

Aujourd'hui, c'est spécial parce que c'est mon anniversaire et que je reçois deux cadeaux. Le premier, c'est la nature qui me l'offre, un temps comme je l'aime. Le ciel veut éclater depuis le matin, il fait un vent immense. Ça gronde au loin et je vois l'orage s'avancer. La ligne d'horizon n'existe plus, ciel et mer se confondent. Ça me rappelle la côte ouest de la Nouvelle-Zélande. Le deuxième cadeau, je le reçois par la poste. C'est un stylo qui me permettra d'apprivoiser l'acte d'écriture qui m'éprouve toujours autant.

Une note l'accompagnait.

Écrire, c'est un peu prononcer tout doucement le « sésame ouvre-toi » de notre âme. Et c'est peut-être parce qu'on n'a qu'une vague idée de ce qui s'y cache qu'écrire nous fait parfois peur.

Depuis des jours, je songe... Je songe à la façon de vous rendre en images ce « voyage ». Et puis tout se bouscule, m'échappe. La Course a ce quelque chose d'admirablement flou qui lui accorde le caprice de ne pas se laisser saisir en noir sur blanc. Et si la mienne a davantage été un voyage intérieur, c'est que je la voulais ainsi. Et si, pour toucher à l'essence même de ce désir, il m'a fallu oublier que j'étais vue, maintenant, pour replonger dans ce qu'elle a été vraiment et tenter de vous l'offrir, il me faut oublier que j'étais lue.

Je viens de refaire mon tour du monde en une heure, visionnant ces 17 minuscules portions vidéo d'une vie de six mois. J'ai replongé dans vos lettres et relu mon journal de bord avec au fond du cœur un pincement... Pourquoi est-ce que cela me semble déjà si loin ?

« Quand on veut comprendre une chose, on se place en face d'elle, tout seul, sans secours ; tout le passé du monde ne pourrait servir à rien. Et puis elle disparaît et ce qu'on a compris disparaît avec elle. »

—Jean-Paul Sartre, *La Nausée*

En pensant à elle, printemps 1995.

Je rêve d'une ligne jamais tracée d'avance, d'un équilibre toujours précaire qui me défasse et m'oblige à me reconstruire. Je veux trouver dans cet immense chaos une nouvelle façon de vivre, et la nécessité de créer. D'ici, le monde me semble trop grand et les rêves, perchés trop haut. Je veux être dedans. Parce que l'appel est trop fort, parce que ça crie trop fort !

J'attends de la Course comme d'un rituel initiatique à la vie, une rencontre avec moi-même, avec l'ailleurs, avec l'autre. Je brûle de lui donner mon âme pour mieux me fondre dans celles que je croiserai et arriver à vous les rendre sans pudeur. Mais je la veux d'abord pour moi, en parfaite égoïste.

Partir a longtemps été synonyme de fuite. Là, ça devient un affrontement, un face à face nécessaire et désiré. J'ai besoin d'une épreuve, j'ai besoin d'en baver ! J'ai besoin de partir.

Et puis qu'est-ce que j'ai à donner, à apporter ? Je n'ai que moi-même, c'est-à-dire pas grand-chose, presque rien. Était-ce une bonne idée ? Je ne sais pas, je n'ai que des doutes, mais je vais la faire, après ça, je pourrai arrêter d'en parler !

•

Après l'avoir tant désiré, le téléphone sonne. Normal. Une première entrevue. Je me sens plus ou moins à l'aise, je m'efforce de faire preuve d'une confiance quasi inébranlable, je me protège. On patauge dans ma vie, je ne suis pas certaine de bien comprendre ce qui se passe, ni d'apprécier. D'ordinaire, je m'ouvre dans la chaleur, ici, il fait froid. Je sors de là un peu débinée, je marche longtemps, quelque chose m'échappe.

À nouveau, la sonnerie du téléphone, la voix chaude et apaisante de Pierre Therrien m'annonce que la discussion a été serrée, mais que je suis dans les 15. Rendez-vous demain matin à Radio-Canada « mais là, tu mets le paquet ». La tornade est déclenchée, j'en arrache, c'est parfait ! Les épreuves de présélection commencent. Quelque chose d'intuitif me porte. Rien à voir avec la raison. Pendant cette période, on nous demandera de faire deux films. J'apprendrai alors beaucoup sur le cœur de l'homme et sur moi-même.

D'une rencontre avec les mennonites de l'ancien ordre en Ontario, je reviens émue, le cœur et les yeux ouverts, prête à embrasser la Terre entière. Plus tard, je comprendrai l'importance de cette étape comme prémices à un parcours.

•

Je sens très bien que tout se met en place, une confiance sereine s'installe et je sais maintenant une chose : ce qui se passe derrière les films transparaît devant et je veux de cette transparence. Le matin de la dernière entrevue, j'arrive à Radio-Canada les cheveux dans le vent, le regard confiant et décidé. Vicky (l'assistante de la Course, *ma beauté des îles*) me confiera plus tard qu'elle m'attendait ce matin-là avec l'intention de me brasser un peu. En me voyant arriver, elle a compris que ça devenait inutile. Dans mes yeux, y avait d'écrit : « Vicky, cette année, je fais la Course ! »

La tour de Babel

À partir de là, ça devient complètement malade. Six semaines pour se préparer à partir. Mais je ne sais même pas ce que ça veut dire « partir ». L'horaire chargé de Radio-Canada demande une énergie folle, j'ai peur que la machine me bouffe. Ça va trop vite. Entre la planification de l'itinéraire et les rencontres officielles, je vide mon atelier de Québec.

Les boîtes s'empilent, les jours passent, la fatigue s'accumule. Plutôt que de me préparer au grand départ, j'ai l'impression de m'éloigner de tout ce qui m'a empli le cœur et l'âme pendant les épreuves de présélection, c'est-à-dire l'essentiel.

13 août 1995, Mirabel.

J'arrive une heure en retard. Enregistrement, bagages. À peine le temps de faire la tournée de becs à tous ceux qui sont venus me dire « À bientôt, dans six mois ». Je crois à une blague. Je traverse les portes; je m'aperçois que non, ce n'est pas une blague...

Je pars complètement crevée, bouleversée, préoccupée... mal armée.

Le long sommeil

Me voici dans les coulisses de mon rêve. Étrange impression d'être emprisonnée dehors. Je regarde autour, néant. En dedans... néant. Je me sens vide de tout. Rien ne me dérange, tout ici est normal, trop normal. Je ne ressens plus la fébrilité des étapes de présélection, la logistique m'étouffe et me rappelle que je fais partie d'un show de télé, ce que je tente d'oublier par tous les moyens. Tout me prend un temps fou, l'adaptation au premier voyage y compris.

Je me demande si à travers tout ça, je trouverai du temps pour créer. Je m'éparpille, je suis partout et nulle part à la fois, mais surtout pas où je devrais être. Je passe d'un état de trouble total à un semblant de lucidité. Ce début de Course est en train de m'initier à ce que sera ma vie pour les six prochains mois : des montagnes russes.

> *« Monique, ma douce, cette rencontre avec moi-même se fait difficilement. En fait, c'est plutôt fracassant. Je me suis rarement vue aussi transie. Figée sur place, comme un danger imminent. Quand j'ai quitté Montréal, c'est comme si j'avais tout oublié. Oublié que j'avais des films à faire, des horaires à rencontrer, des comptes à rendre. En fait, je n'avais que le goût de me cacher, de disparaître, quelque part où personne ne pourrait me retrouver. »*
>
> — Extrait d'une lettre à Monique Lamarre,
> le mercredi 6 septembre 1995.

Il faut à tout prix que quelque chose m'arrive, me secoue. Je ne peux supporter le poids des attentes qu'on a envers moi. Au lieu de m'aider à me mouvoir, elles m'emprisonnent, m'alourdissent. Dans un livre qu'on m'a offert avant de partir, on avait écrit : « Quelle belle Course tu vas nous faire ! » Chaque fois que je l'ouvre, je me sens rétrécir et j'ai envie de crier. En ce moment, je ressens le besoin intense d'entrer dans la Course. Celle dans laquelle je suis me chagrine et ne m'apporte aucun émerveillement. Celle que je désire est ailleurs. Qu'est-ce qui m'empêche de sauter ? J'ai perdu mon âme d'enfant. J'aimerais pour un instant qu'on me kidnappe, j'aimerais ne plus penser à la Course !

La rencontre de l'ange

Dans moins de 24 heures, je pars pour la Tanzanie. La Tanzanie, c'est en Afrique, bordel ! Dans mes courts moments de lucidité, je m'en rends compte. Pour me calmer un peu, je tente de rejoindre Montréal. Je me bute à tous les répondeurs. Et je réalise combien tout s'est fait rapidement.

MYTHE N° 7: IL FAUT AVOIR VOYAGÉ POUR FAIRE LA COURSE.

Paraît-il que ça aide. Une fois de retour, je peux vous le confirmer... Oui, ça m'aurait sûrement aidée. Mais de là à être nécessaire... Non, on sue peut-être juste un peu moins. Mais la sueur, c'est pas si vilain, ça fait sortir le méchant. Que ce ne soit jamais une raison pour oublier votre rêve. Usez d'imagination et séduisez-les autrement... Car c'est bien de cela qu'il s'agit, de séduction. Allez. Merde !

Tous ces endroits qui défilent sur mon carnet de route pour les prochains mois sont autant d'images mythiques, choisies sur un coup de dés, et je n'ai aucune idée de ce qui se cache derrière leur nom. Je monte dans l'avion qui me déposera à Dar Es-Salaam à 23 h 40. Je n'ai aucune information sur le pays, aucun contact. Je devrais être en train de paniquer... Au contraire, je suis calme. Ma naïveté et mon insouciance me préservent. Quelque chose me dit que c'est ça la Course... Faire confiance. Et que c'est là qu'elle va commencer !

Première constatation : la honte s'empare de mes idées, je suis d'une telle ignorance, dix jours ne suffisent jamais à comprendre, je voudrais d'une vie à chaque escale.

Ma voisine de siège est Tanzanienne. Plus je pose de questions, plus ses yeux semblent me dire : « Ma pauvre, tu ne sais pas sur quelle planète tu vas atterrir. » On descend de l'avion, un escalier, une petite case où on s'arrête pour la vérification des passeports et puis... on est déjà à la sortie ? Oups ! Pas d'interminables couloirs à longer, pas de sas de décantation avant d'affronter l'extérieur... L'Afrique.

Je ne vois pas de téléphone à l'horizon, encore moins de bureau de change. Dehors, pas vraiment d'éclairage. Elina me présente à sa sœur. Elles échangent quelques mots en swahili et, spontanément, elles m'invitent. Ma bonne étoile vient de s'allumer. Au matin, mon hôtesse me présente son fils, Léo. Il dégage cette espèce de confiance et de fraîcheur qu'ont les êtres libres. J'explique tout bonnement la raison de mon séjour chez eux... J'explique la Course. Alors ses yeux s'éclairent, il veut m'aider, il veut me suivre.

En route vers la ville, dans la lumière du jour, tout l'univers est transformé et prend des proportions gigantesques. Dans le labyrinthe des rues de sable hautement cahoteuses que l'on emprunte, chacun de mes pas fait augmenter en moi cette impression de vulnérabilité. Je regarde autour, tout est plat, les rues sont sans nom, organisées de façon anarchique, toutes les maisons me semblent identiques. Pour la première fois de ma vie, mon peu de sens de l'orientation m'effraie. Je ne peux m'empêcher de penser que si, par malheur, je perdais la trace de Léo, je pourrais me retrouver complètement perdue ici au milieu de nulle part.

On s'entasse dans un de ces petits bus improvisés où les gens grimpent même lorsqu'il est en marche. Je parle peu, comme en état de choc. Rien ici ne m'offre de repères. Impossible de me dissimuler, je suis la seule Blanche à l'horizon. Comme si Léo avait tout de suite saisi mon angoisse, il me parle doucement. Du coup, il devient pour moi la personne la plus importante au monde.

On trouve l'ambassade canadienne. Je n'en reviens pas comment, soudainement, j'arrive à me sentir une certaine parenté avec ce drapeau-là. J'ai un urgent besoin de parler à quelqu'un, mais mon discours est complètement débridé. Mon corps tout entier est empli d'un vertige insoutenable. Il faut absolument que je sorte d'ici au plus vite.

On marche. Léo me parle de son pays, de ses rêves de voyages à bicyclette. Du coup, toute la panique des dernières heures se dissipe, je réatterris.

La collision

Je réalise alors combien ce n'est pas normal ce qu'on fait là. Armés d'une caméra, on court-circuite le temps, on entre dans la vie des gens comme des bombes, en sachant très bien qu'on en ressortira aussi rapidement. Des amitiés qui, normalement, prendraient des mois à se tisser, se voient soudées en quelques heures. Léo est sûrement la personne dont j'ai le plus appris durant mon parcours. Là où tout m'était si étranger, il est devenu ma porte d'accès. Pas facile pour l'orgueil d'avouer qu'on a besoin de quelqu'un. Pas facile non plus pour deux personnes qu'un monde sépare de se rejoindre. Le sien a heurté le mien plus d'une fois. Mais il y a des valeurs qui transcendent la différence de planètes.

Le décalage

L'apoplexie dans laquelle j'étais plongée depuis mon départ de Montréal m'a laissé sur les bras une bonne somme de travail à abattre. En 23 jours, cinq films à faire : deux à monter et trois autres à réaliser sur place. Je baigne dans la chaleur humide, je profite des heures d'électricité pour visionner mes images, recharger mes batteries, faire pivoter le ventilateur. Dehors, c'est bien l'Afrique, mais me voilà coincée ici, à essayer d'imaginer l'Europe pour terminer cette merde (le premier film). C'est mon premier face à face avec le décalage de rythme et de temps qui caractérise si bien la Course.

« Un quatrième film de posté. Je les trouve plus pourris les uns que les autres parce que j'ai pas le temps d'entrer dans les choses. »
—Extrait de mon journal, Dar Es-Salaam,
22 septembre 1995.

« Mes films ne me ressemblent pas. »
—Extrait de mon journal, Dar Es-Salaam,
23 septembre 1995.

L'intimité

Je débute un document sur Léo et, à quelques jours de mon départ, ma caméra se brise, enfermant dans son boîtier quelques morceaux de sa vie. J'en rage ! Et puis... non. C'est mieux comme ça, parce que ce serait de toute façon dénaturé. Ce que j'aurais aimé vous dire de lui, un film n'aurait pu le rendre parce que ça relevait d'une intimité beaucoup trop grande où jamais je n'aurais osé laisser s'infiltrer une caméra. Je comprends dès ce moment que la seule intimité dont je puisse être le témoin fidèle, c'est bien et uniquement la mienne, face au monde.

Je veux d'une ligne si mince entre ce qui est vu et celle qui voit, que ces deux univers en viennent à se confondre. Je deviens obsédée à l'idée de trouver la façon de laisser transparaître cette intimité des sentiments, cette intimité de l'âme.

Il me semble nécessaire de réunir l'arrière et l'avant-scène, c'est dans mon cas ce qui apparaît le plus honnête. À partir de maintenant, j'aimerais ne parler que de ce qui me séduit. J'ai besoin de tomber en amour à tous les jours. Si c'est le vent qui me charme, je parlerai du vent. Et si rien ne me séduit, je parlerai de l'absence de séduction, mais cela peut me mener à un tel niveau d'impudeur qu'il me faut oublier que ce résultat sera vu.

En décidant de m'intéresser à l'intimité, je décide également de ne m'adresser qu'à elle.

---

29 septembre 1995

Je quitte la Tanzanie. C'est la nuit, comme lorsque j'y suis arrivée. C'est trop bête, je n'en ai vu que la capitale, coincée que j'étais dans un horaire de production, à avoir besoin du bureau de DHL deux fois par semaine. Je rêve d'exil. Je regarde pour une dernière fois défiler la vie d'ici. Léo m'accompagne jusqu'à l'aéroport. J'ai le cœur gros, je me demande ce que je laisse derrière, ce qui lui restera de tous ces éclats. Il a toujours les yeux aussi brillants, il me dit merci, d'avoir autant bousculé sa vie... Une voix dans le microphone appelle les passagers. Demain... Prague ! Ça va tellement vite qu'il me semble impossible de placer des silences entre les choses.

Prague, l'autre monde

Après avoir eu tant besoin d'aide en Tanzanie, je veux ici me démerder toute seule. J'ai un immense besoin de solitude. Prague m'enveloppe, me donne le vertige, me séduit complètement. C'est l'automne, ma saison préférée. Je veux faire un film qui goûte l'automne.

La musique m'enivre. Je m'aperçois combien elle m'a manqué.

Je me sens pleine de tout ce qui m'entoure, riche de l'automne et pure comme lui.

Le fleuve

À chaque film, j'aurai besoin de cette fougue, celle qui me porte et m'empêche de mourir tellement il est urgent de vivre. Je l'espère, la convoite. Et si, souvent, elle reste muette, c'est que je n'entends pas la musique dont j'ai besoin. Et c'est bien par elle que tout prend forme. Je ne me sens vivante que lorsque j'en suis habitée.

Roumanie, cinq jours d'enfer

Il faut à tout prix que je revienne ici avant longtemps, mais dans un autre contexte, parce que là, je ne comprends rien de ce qui s'est passé.

État de paranoïa incompréhensible. État physique complètement insupportable. Infection aux yeux, lourdeur de tous les membres. Effets secondaires du lariam ? Jeune étudiant romantique me colle au cul, devient amoureux de moi et ne peut imaginer que ce ne soit pas réciproque. L'enfer ! Je pars de là les dents serrées et on m'arnaque à l'aéroport.

« Dans l'effort de m'accélérer, j'avais perdu au long de ces couloirs uniformes le peu d'aplomb qui me restait [...] Je m'effilochais comme j'avais vu déjà s'effilocher ma case au vent d'Afrique parmi les déluges d'eau tiède. J'étais aux prises ici pour ma part avec un torrent de sensations inconnues. Il y a un moment entre deux genres d'humanités où l'on en arrive à se débattre dans le vide »

— Céline, Voyage au bout de la nuit

Istanbul, la chute : le mercredi 18 octobre 1995.

Jamais je ne me suis vue dans un état de fragilité émotive aussi grand. C'est insupportable, j'ai le goût d'éclater ! Toutes mes défenses s'effritent, tout m'atteint. Je m'enfonce de plus en plus dans un côté de moi peu fréquenté. Tout ici me paraît faux, je suis au milieu d'une ville labyrinthique aux âmes closes. Je tourne en rond, diluée dans un flot de touristes. Tout ce qu'on semble vouloir ici, c'est me vendre un tapis. L'auberge où j'habite est remplie d'Australiens qui s'abreuvent de vidéoclips comme d'une apparition de la Sainte Vierge. JE NE SUIS PAS UNE TOURISTE !

Le temps qui m'éloigne d'une émotion dans laquelle jallit une idée contribue à la dénaturer. Le temps que je mets à la rejoindre m'éloigne de celle à naître. Mon intérêt se perd. L'effet de montagnes russes s'est accéléré, je ne peux plus m'accrocher à quoi que ce soit, je glisse. Mes propres murs se referment, m'abandonnant dans mon vide enclos. Mais la Course m'impose de continuer à courir, alors je tente de travailler. Rien ne me passionne, je ne trouve pas d'issue. Je change d'idée de film au moins trois fois par jour. J'entreprends des tournages que je ne finis jamais. Les vendeurs de tapis, je voudrais tous les étrangler.

Un seul film me poursuit sans cesse, témoin de cette ignorance qui me rend coupable d'exister et de cette rage désespérée que j'ai contre moi-même d'avoir le monde à mes pieds sans être capable d'y plonger. Mais je peux pas faire ça, j'en dévoile trop. En même temps, je sais très bien qu'il m'est impossible de faire semblant, j'ai pris le pari de la vérité.

J'appelle à Montréal. Excusez-moi la gang, mais là, ça va vraiment pas. Mon avion pour la Géorgie vient d'être annulé, je suis encore prise ici pour une semaine. On me dit que Philippe Desrosiers est en transit au même endroit que moi, mais sans savoir que j'y suis. Quoi ? Alors je me précipite à son hôtel. Il sirote tranquillement un café. J'attends qu'il lève les yeux... C'est vrai, c'est bien toi ? Bon Dieu, que c'est bon de se retrouver ! Il est resplendissant... moi je suis à ramasser à la petite cuillère. Mon état est loin de s'améliorer, alors je prends la décision de faire ce film, comme un cri de détresse lancé, parce que je n'en peux plus d'avoir mal et qu'à tout prix, même à celui de l'impudeur, je veux en sortir. Alors, seulement à ce moment, une porte s'ouvre, une main se tend.

Juste avant mon départ pour la Géorgie, Philippe est de nouveau en transit à Istanbul, il arrive de Bucarest. Maintenant, c'est lui qui est à ramasser à la petite cuillère et moi je vais bien parce que la Géorgie m'appelle. Dans l'espace d'une semaine, on s'est mutuellement vus dans nos extrêmes... Et c'était comme ça pendant six mois. La Course, semble-t-il, est une bousculade d'états d'âme encore plus étranges que les pays traversés.

Les départs

Je me rappelle maintenant combien chaque départ me remplit de la même euphorie, combien il est gonflé de promesses de nouvelles rencontres, de quêtes inédites, de rêves neufs à décrocher. Peu importe la couleur de ce que je laisse derrière, les départs, eux, ont toujours la même. Les heures qui les précèdent, c'est de la folie à tenter de régler des détails techniques, à terminer un plan de montage, à saisir au vol ce que je ne reverrais peut-être jamais. Et les au revoir... C'est souvent dans une fatigue extrême que je me précipite vers la destination suivante, mais le sentiment est le même.

C'est justement là un des aspects irréels de la Course. Un de ceux qui me font comprendre combien je suis privilégiée, et me donnent le sourire aux lèvres dans ces moments de lucidité où je regarde autour, m'arrête et me dis : « Wow, je fais la Course ! » Changer totalement d'environnement et avoir à tout recommencer à presque tous les dix jours, ça relève du délire. Seul le travail sur les films arrive à lier ces univers qui m'apparaissent comme autant de courtes vies. Rien d'autre ne les unit. Ils peuvent donc être détachés du tout, sans vraiment nuire à l'ensemble. Je peux même décider d'oublier la trace d'un de ces fragments, si le souvenir m'en est trop pénible ou trop heureux. Une sorte d'amnésie volontaire pour soulager les tourments. Si on y réfléchit bien, ça peut même faire peur. L'idée de pouvoir tout larguer, de faire le ménage tous les dix jours n'a rien à voir avec la vraie vie.

Non la Course, c'est sûrement pas la vraie vie, mais bien une forme d'hybride dont l'acteur est en mutation constante, changeant de peau à chaque escale. C'est peut-être parce que cette nouvelle protection n'a jamais le temps de se former vraiment que tout m'atteint autant.

Géorgie, le cadeau des dieux. 9 novembre 1995.

J'en ai rêvé, c'était mon premier choix de destination. Montréal m'a trouvé un contact. Je suis accueillie chez des gens, c'est la première fois depuis le départ. Ça fait du bien, de la chaleur humaine. Dès la première rencontre avec ce pays, c'est le coup de foudre. Quel étrange univers ! Il me semble comprendre des choses sans même qu'on ait besoin de me les expliquer tellement la fébrilité est palpable. Dans l'air, il y a une urgence de vivre incroyable. Cette fois-ci, c'est le pays au complet qui me chavire le cœur. J'en redemande.

Il faut que je dise ça à la gang de Montréal. Au téléphone, je leur crie mon bonheur, ça change des fois où on n'en peut plus. Vicky, Monique, Pierre[2], Marshall, Annie[2], merci ! Je sais vraiment pas comment vous dire merci ! Ils sont heureux de l'entendre, ils avaient un peu peur, ils se sentent rassurés.

Dans la même soirée, la sonnerie du téléphone retentit. On me demande. Je me demande ? Un homme me parle russe à l'autre bout du fil, il y a sûrement maldonne. Un éclat de rire éclabousse l'écouteur. C'est Stéphane Prévost (Course destination monde 1993-1994), il a eu le message que j'ai laissé à Vicky à Radio-Canada, il m'appelle de Montréal. T'es complètement malade ? Wow ! Vous pouvez pas savoir ce que ça fait à un coureur de recevoir un appel d'un autre coureur, y a des choses qu'on n'a même pas besoin de dire.

Le peu que j'aurai saisi de ce pays fascinant aura suffi à m'enivrer. Tout en étant tellement étrangère à ce monde, j'arrive à m'y fondre. Tous croient que je suis Géorgienne, paraît-il que j'en ai les traits. Quand je me promène avec Maïko, qui est devenue ma grande amie, je n'ai qu'à ne pas prononcer un mot pour passer inaperçue. J'aime profondément ce sentiment d'appartenir un peu à ce pays.

Étrangement, c'est probablement l'escale où la vie m'a semblé la plus dure. Je suis dans la capitale, il y a rarement de l'eau courante et l'électricité part sans avertir. Il fait tellement froid dans l'appartement qu'on s'emmitoufle dans tout ce qu'on a de chandails. On mange du pain et de la soupe, mais je m'en fous parce que je suis en amour avec un pays tout jeune qui fait des efforts pour se rebâtir.

Et souvent, je pense au mien qui, juste un peu plus tôt, essayait d'en devenir un. Tout ce qui m'a traversé le cœur et l'âme pendant mon séjour là-bas, c'est pas encore une caméra qui en sera témoin. Je me souviens de cet état de grâce dans la jeep qu'un Géorgien conduit pour me ramener chez mes hôtes. Je suis émue de toutes ces rencontres troublantes que j'ai faites cette journée-là. La musique des Gipsy Kings (? !) résonne, ce qui contribue encore plus à me rendre à fleur de peau. C'est exactement la musique que j'avais besoin d'entendre. Il me l'offre en cadeau. Jusqu'à la fin de mon séjour, c'est de cette musique que je me nourris pour tout le travail de montage que j'ai à faire.

Depuis, elle me donne toujours des échos de la Géorgie. Comme le goût du kaki me rappelle cet arrêt dans un marché sur le bord de la Transcaucasienne en direction de Kachourie. Les montagnes du Caucase, je les ai gravées dans le cœur. Je suis partie de la Géorgie les yeux dans l'eau avec une certitude : j'y reviendrai.

Népal

Je rêve de ses montagnes. J'y arrive curieuse, souriante. Ma caméra se brise. Je tombe malade et me vide tant que ce matin, je sens que j'ai revêtu ma nouvelle peau.

> *« Katmandou, le lundi 11 décembre 1995, 6 h 15.*
> *Dans le taxi qui me mène à l'aéroport, je prends le temps. Temps de regarder le brouillard qui enveloppe Katmandou à l'heure où les marchands commencent à ouvrir peu à peu leurs petits kiosques, le temps de me rendre compte que la vie peut être très belle quand on la regarde avec lenteur. Ce matin aussi, Étienne, je pourrais répondre oui à la question de ta dernière lettre. Oui, je suis heureuse. »*
>
> — Extrait d'une lettre à Étienne Leblanc.

Thaïlande du Nord, enfin l'exil !

Pour la première fois, j'ai le temps de m'éloigner. J'en salive. M'éloigner de la ville, du courant électrique. C'est fou comme on s'imagine toujours les coureurs au fond de la brousse, loin de tout. Moi aussi, je le croyais avant... quand je regardais la télé. Dans les montagnes du nord, le silence prend la place qui lui revient, la meilleure. Moi, je le laisse s'installer, je me sens bien quand il m'entoure. J'aime décidément de plus en plus cette vie. Je lâche prise, je ne tente plus de forcer les choses, mais plutôt de les laisser me séduire.

Bangkok, 23 décembre 1995.

Sur le cœur, le cadeau tant attendu, l'enveloppe contenant vos lettres ! Je les ouvre lentement, en prenant soin de ne pas abîmer l'emballage, comme je l'ai toujours fait avec mes cadeaux de Noël, pour aiguiser le plaisir. Je vous ai lus, relus, et emportés avec moi, pour alléger mes bagages. Vous avez su saisir tellement plus que ces petits 4 minutes/semaine. Merci.

LETTRE D'UN PROCHE

Salut ma grande.

À ce que je vois, tu vas bien. Même avec les petits pépins qui peuvent arriver. Tu es très courageuse. Et encore une fois de plus, tu nous le démontres.

Sois assurée que toute la population d'ici est avec toi, te félicite et te souhaite tout le courage dont tu auras besoin. Pour ma part, je suis très fier de toi et t'encourage à continuer. C'est de même que je t'aime, en restant toi-même. Je tiens à te féliciter et te dire merci pour tout ce que tu fais. Tu es notre fierté et tu es toujours mon petit poussin.

Ton papa qui t'aime et te souhaite toute la chance possible.

Nérée

Chez nous, la correspondance a toujours été écrite par maman. Avant de partir pour la Course, secrètement, j'avais rêvé qu'il m'écrive lui aussi. Il l'a fait, ça m'a bouleversée. C'est la première lettre que je reçois de mon père.

La peur de revenir trop vite

Je sais pas comment dire. C'est comme si je veux tout à la fois. Participer à toutes les vies, m'immiscer partout, être dans tout. Toujours plus, c'est jamais assez. Ne pouvoir qu'effleurer les choses me rend malade. De ma fenêtre ronde dans l'avion, j'ai le sentiment de comprendre bien plus que lorsque je suis au sol. Parce qu'une fois en bas, j'ai le vertige à l'envers, comme lorsque les buildings sont tellement hauts qu'il faut presque se coucher par terre pour voir le ciel. Mon horizon se trouve réduit, le déplacement ralenti. Je comprends trop tard que si la vie me paraît ailleurs, c'est parce que je regarde à côté. Et souvent je dois réapprendre la même chose, comme si chaque nouvel univers me rendait amnésique du précédent. Il me faut sentir les choses dans leur globalité avant de décider de m'intéresser au détail. Je veux tout embrasser du haut des airs, survoler les choses en silence et comprendre le vent avant de faire une manœuvre.

Avant de revenir... avoir été un avion.

Viêtnam, l'envol, 30 décembre 1995.

Sitôt arrivée ici, ce qui me frappe, c'est la notion de temps, le rythme. L'abstraction m'attire, je sens que je parlerai bientôt de temps. Le Viêtnam me berce, j'ai l'impression de m'approcher de quelque chose d'essentiel. Et du creux de cette douceur enveloppante, je fais une gaffe monumentale. J'écoute une des premières émissions de la Course que la famille Larochelle, où je loge, a reçue du Québec. *Première rencontre* se fait descendre en flèche. Le cœur me lève, j'ai le goût de vomir. C'est d'une telle froideur ! Je pensais être détachée de tout ça et le show de télé me rattrape encore. La Course a pour effet de nous mettre trop près des choses, le recul m'est impossible.

La distance

Je ne pensais jamais avoir autant de mal à me détacher de cet aspect durant le périple puisque mes propres jugements sont beaucoup plus durs encore que ceux reçus de l'extérieur.
Là où ça me dévastait, c'est quand j'avais le sentiment que la critique portait plus sur la fille qui fait le travail.
L'intimité du propos rendait la ligne si mince.
On semblait vouloir que j'apporte des réponses alors que c'est justement les questions qui m'intéressent. Je veux être libre de dire les choses comme je les sens, sans règles, sans recettes. Libre.
Mais la liberté n'est pas une chose qui se demande... Elle se prend.
J'ai mis longtemps avant de la saisir et j'ai mis trop de temps avant de demander à Montréal de ne plus me parler du show de télé... des jugements. Une fois partie sur la route, tout cela ne correspond plus à rien de concret.
Mon quotidien ressemblait à tout autre chose et ce n'est surtout pas à Montréal que je voulais qu'on me ramène. Je ne suis jamais partie pour l'aspect compétitif, ni pour répondre à une commande précise. Les raisons de mon départ étaient beaucoup plus intimes que ça et c'est dans l'intimité que j'ai trouvé le réconfort.
Dans celle des rencontres que j'ai faites là-bas et celle qui s'est développée avec l'équipe de production à Montréal. Avec Denis Gathelier, le monteur de la Course, qui donne corps à tous nos débordements. Il travaille dans l'ombre, mais quelle présence !
Et l'intimité de ces missives si précieuses de vous qui nous observez de l'autre côté de votre téléviseur.

Hanoi, 9 janvier 1996.

J'appelle à Montréal pour régler des détails techniques : billets d'avion, numéro de *waybill*, etc. Je me sens plate à mourir. Alors là, je me dis que ça va faire ! Il n'est pas question que la Course finisse de cette façon. Quand je rappellerai la gang à Montréal, c'est parce que j'aurai de l'énergie à distribuer à la tonne et que j'aurai fait mon meilleur film, pas avant !

Douce Natalie. Prends garde à ne pas te noyer dans
la Course. Imprègne-toi des beautés. Continue
de courir ; ne te laisse pas dépasser par les
contraintes d'ici. Tes films seront beaux, les
meilleurs, ils vont se faire planter, tu vas pleurer,
ton père va sacrer, et la Terre va tourner. Il y a
presque 300 000 minutes dans 189 jours. La
télé nous en montreras 68... J'aimerais que tu
me racontes les milliers d'autres qui resteront
avec cette si belle lueur que tu as au fond des
yeux. Oublie la critique. Oublie la tévé. Fais
des films, les plus beaux. Pour toi.
Une chose : n'oublie pas le rêve, parce qu'il faut
rêver pour être fou, et que la folie, il n'y a que
ça de vrai. À bientôt dans tes rêves.
Si loin, si proche. Etienne xo.
l'important dans la vie, c'est ce qui compte...

Sur la route entre Hanoi et Thai Nguyen, 9 janvier 1996.

« Si j'avais à recommencer ma Course, je m'imposerais des départs. »

— Extrait de mon journal.

Je pars à la rencontre d'André Roy, un Québécois qui enseigne le français à des Vietnamiens. Je lui ai parlé au téléphone, expliquant mon projet de film qui parle de temps, de cycle de vie, et d'un grain de riz. Il me dit que je suis dans le pays tout indiqué pour un tel sujet, et que je vais comprendre sûrement bien de choses en entrant dans la campagne plus au nord.

J'y passe en tout cinq jours, à faire le tour des rizières à bicyclette avec André et ses étudiants. À chaque arrêt, c'est le rituel du thé. André me parle du Viêtnam comme d'un grand amour...

Toutes ces rencontres avec les paysans évoquent ce lien fier et solide à la terre, et me ramènent à celle cultivée par mon père. C'est drôle, comme si à force d'étirer les distances, je sais encore plus d'où je viens.

Le samedi 13 janvier, 7 h 10, Thai Nguyen, juste avant mon départ.

« [...] Je constate combien l'imprévu en vient à me plaire, mais combien il est bon aussi parfois d'être attendue quelque part, ou d'exister pour quelqu'un [...] Le hasard, s'il existe vraiment, m'a offert le cadeau de te placer sur ma route. Pour ça, je prends le temps de te dire merci, parce que tu fais partie des beaux moments de ma Course, de ceux dont je vais me rappeler quand je sentirai que je m'égare. Tu sais, dans cette Course, je me suis souvent sentie ingrate [...] j'ai souvent eu l'impression de juste prendre, et de partir aussitôt, sans avoir eu le temps de donner à mon tour. Pendant les prochains jours, je vais tenter de ne pas trop m'éloigner de ce qui m'a habitée ici, et d'en faire un film, que je n'aurai pas trop honte de montrer... et de te faire parvenir.
Merci de tout cœur, à bientôt. »

—Extrait d'une lettre à André Roy.

Et enfin, j'ai eu le sentiment que la fusion dont j'avais rêvé bien longtemps avant de partir venait d'opérer... Dans le calme et la solitude.

Hô Chí Minh-Ville, 15 janvier 1996.

Le charme se poursuit. Je fais la rencontre de Monsieur Quoc, un agronome vietnamien. On passe beaucoup de temps ensemble. À l'arrière de sa moto, je découvre la campagne du delta du Mékong. Il est avec moi d'une générosité incroyable et d'une telle gentillesse avec les gens qu'on est toujours accueillis avec le sourire. Je réalise combien le voyage est fait de gens que l'on rencontre et qu'il suffit de tomber sur la bonne personne pour que tout s'ouvre devant.

Je rigole beaucoup pendant ce séjour au sud du Viêtnam. Et tout aussi joyeusement, les Vietnamiens se payent ma tête pour pas cher. C'est vrai que j'ai l'air complètement ridicule avec l'accoutrement de sacs de plastique que j'ai patenté pour pouvoir filmer au milieu des rizières pleines de sangsues.

Ceux qui passent le long des diguettes avec leur vélo s'arrêtent pour demander à Monsieur Quoc quel sorte d'extra-terrestre je suis. Ils ne comprennent pas l'intérêt de filmer ça, alors ils éclatent de rire. Quelle étrange sensation que celle de constater que pendant six mois, mon extraordinaire... ce n'est que l'ordinaire des autres.

Du nord au sud, le Viêtnam m'aura bercé et redonné la quantité suffisante de délire pour vivre avec encore plus d'urgence, et « plonger dans la vie, comme un enfant qui n'a pas encore appris à construire ses propres barrières » (extrait du film *Détours*).

Nouvelle-Zélande, 23 janvier 1996.

Du haut des airs, j'aperçois cette île aux paysages magnifiques. Si le Viêtnam m'a paru le pays de la lenteur, la Nouvelle-Zélande est sûrement celui de la vitesse. L'eau explose de partout, fracassant les falaises. Ça devient évident, ici, c'est à l'eau que je m'attarderai ! Je m'y attarderai tellement qu'une vague surprise a failli m'assommer, me projetant la tête au sol contre un rocher, caméra de location y compris. Je la relève, rien. Mon grand angle est intact, pas une seule goutte d'eau à l'intérieur du sac *tapé* à quintuple tour. Miracle ! Je regarde l'eau avec respect et lui promet de ne plus jamais douter de sa puissance.

Auckland, 26 janvier 1996.

Je rappelle Montréal, je suis pétante d'énergie, pleine du Viêtnam. Monique crie de bonheur à l'autre bout du fil. Elle me dit que tout le bureau est en panique... « Ça fait 17 jours que t'as pas donné de nouvelles ! » Quoi ? Es-tu sérieuse ? J'ai vraiment pas vu le temps passer. Pourquoi ? Parce que j'étais en train de faire la Course. Celle qui rejoint mes rêves. Celle qui me permet de passer des nuits de bonheur à travailler à un plan de montage, la musique dans les oreilles, et d'aimer ça ! Celle qui me fait bouffer des yeux la planète entière, m'offre des rencontres extraordinaires, m'emplit d'images et de musiques. Une Course libre. De cette Course-là, je n'ai jamais été rassasiée.

Après la Nouvelle-Zélande, c'est San Francisco, mon dernier arrêt où il sera déjà le moment de faire un film-bilan ! Mais moi, je ne veux pas revenir, j'aime profondément cette vie complètement folle, pour ses moments d'extase autant que pour ses pires gouffres. Parce que l'important, c'est ce qui reste, et il me semble devoir passer par les uns pour arriver aux autres.

Vol entre Los Angeles et Dorval en compagnie de Philippe Desrosiers, 18 février 1996.

J'ai l'impression d'avoir été réveillée avant la fin de mon rêve.

Philippe est à mes côtés. On regarde dehors. Il fait nuit. Et puis on aperçoit les lumières de la ville, la neige du Québec, et quelqu'un qui joue au hockey sur une patinoire, seul.

Ce soir, de ma fenêtre ronde dans l'avion, je comprends très clairement une chose... Je reviens chez moi.

De retour à Montréal, c'est plus pareil, comme si quelque chose s'était brisé.

•

Montréal, 14 août 1996.

Pendant beaucoup plus de six mois, je lui aurai tout donné. Mon âme, mon cœur, mes tripes, mes pleurs et mes éclats de rire. Et si je suis parfois gênée que l'on m'aborde pour me parler de la Course, c'est que j'aurais aimé donner tellement plus. Et si j'ai tant de mal à tirer un trait sur cette histoire, c'est sûrement parce que ma Course, elle, n'a jamais eu de vraie fin. Tout en me sentant déjà loin d'elle, je sais très bien que j'en suis encore trop près. Rédiger ma portion du livre maintenant ? Demain ou dans une heure, je voudrai tout réécrire. Je veux déjà tout réécrire. L'intensité et l'étrangeté des émotions qu'elle suscite, je crois sincèrement que seuls les coureurs peuvent les comprendre. Je souhaite violemment qu'elle ne soit pas l'ÉVÉNEMENT de ma vie. Parce que la vie est devant, ouverte. Je continue de chercher, de créer, ça m'est nécessaire. Créer pour soi, bien sûr, mais dans l'espoir que le résultat puisse servir à quelqu'un, cette idée devenant suffisante pour agir. Et si le doute devient trop grand, je me rappellerai de l'importance du rêve de l'hiver 1995, celui de faire la Course. Combien il a pris de la place dans ma vie. Combien il est *devenu* ma vie.

Dans deux jours, les nouveaux rêveurs s'envolent. Je ne les connais pas vraiment plus que vous. Je me sens loin, je me sens seule. J'aurais aimé pouvoir leur donner une portion de mon rêve. Pour me sentir à nouveau utile à quelqu'un.

Écrit à vif, comme dans la Course

Mon amour m'a raconté que petit, il inventait des jeux avec ses copains et qu'au sommet de l'excitation, il arrêtait tout, pour en conserver le meilleur souvenir, et s'empresser d'inventer autre chose.

•

J'attends le métro, nous sommes le 21 février 1996. Un homme passe devant moi, s'arrête. Recule. Me regarde droit dans les yeux, et me dit... « Bienvenue ». Et puis, il repart doucement. Tout était là.

Je décide aujourd'hui de terminer ma Course à cet endroit précis.

MARIE-NOËLLE SWIDERSKI

« Voilà combien de jours, voilà combien de nuits, voilà combien de temps que tu es reparti? Tu m'as dit : "Cette fois, c'est le dernier voyage. Pour nos cœurs déchirés, c'est le dernier naufrage. Au printemps, tu verras, je serai de retour. Le printemps, c'est joli pour se parler d'amour." Dis, quand reviendras-tu? Dis, au moins le sais-tu? Que tout le temps qui passe ne se rattrape guère. Que tout le temps perdu ne se rattrape plus. Le printemps s'est enfui depuis longtemps déjà ; craquent les feuilles mortes, brûlent les feux de bois. Soudain je m'alanguis, je rêve, je frissonne, je tangue, je chavire et comme la rengaine, je vais, je viens, je vire, je tourne et je me traîne. Je reprendrai ma route, le monde m'émerveille. J'irai me réchauffer à un autre soleil. »

— Barbara

Itinéraire

13 août	Mirabel - Amsterdam	avion
14 août	Amsterdam - Paris	avion
23 août	Paris - Amsterdam - Copenhague - Reykjavik	avion
2 septembre	Reykjavik - Copenhague	avion
12 septembre	Copenhague - Amsterdam - Glasgow	avion
22 septembre	Glasgow - Amsterdam - Rome	avion
2 octobre	Rome - Amsterdam - Lomé	avion
12 octobre	Lomé - Libreville	avion
24 octobre	Libreville - Lomé	avion
27 octobre	Lomé - Nairobi	avion
28 octobre	Nairobi - Muscat	avion
29 octobre	Muscat - Delhi - Katmandou	avion
17 novembre	Katmandou - Dhaka	avion
27 novembre	Dhaka - Saidpur	avion
7 décembre	Saidpur - Dhaka - Bangkok - Hanoi	avion
17 décembre	Hanoi - Singapour - Jakarta	avion
6 janvier	Jakarta - Perth	avion
26 janvier	Melbourne - Hobart	avion
5 février	Hobart - Sydney	avion
8 février	Sydney - Vancouver	avion
18 février	Vancouver - Dorval	avion

« HEUREUX QUI COMME L'OLIVE... »

Il paraît que vous nous avez regardés pendant six mois. Que vous avez appris à nous connaître, peut-être même à nous aimer. On a dû vous faire rire, parfois grincer des dents ou même pleurer ; peut-être qu'à certains moments, vous vous leviez pour aller remuer le souper qui mijotait.

Nous sommes partis sans vous connaître, lancés dans ce grand tourbillon sans nous en rendre bien compte, et dans votre salon, dans vos yeux, dans votre cœur, sans nous en douter.

Aujourd'hui, je suis là. Revenue. Est-ce un état ? Physique ou d'esprit ? Être de retour ou ne pas l'être, là est la question... Assise square Victoria, à l'heure du dîner (ou du « déjeuner », mais bon...), entre deux rendez-vous ; un pour me permettre de repartir, l'autre pour me permettre de rester... de m'installer ! Je sens, j'entends Montréal que j'aime, qui bruisse, circule, parle et mâche. Ville-île. C'est l'été, un été qui, forcément, m'en rappelle un autre. Fameux, inoubliable, encore palpable, en écho.

« Il y a une émission géniale le dimanche à 17 h, il faut qu'on la regarde, ça s'appelle *La Course...* », m'avait-elle dit, me disait-elle, encore et encore. Hmm. Bon.

« On dirait » qu'on remplirait un dossier et qu'on partirait toutes les deux. Tour du monde. Radio-Canada. Payé. Ah, oui... Il faut faire des films. Une voix grave et rauque, une belle voix crapuleuse de matin, nous lançait, à nous les rêveuses d'un dimanche de janvier 1995 : « Pour participer à la Course destination monde 1995-1996... »

Le dossier arriva, en même temps que deux, trois réponses très attendues de Hong-Kong à la suite de ma candidature pour un poste de designer là-bas.

Il fallait partir seule.

On pouvait tomber malade.
Là-bas. Loin.
Six — 6 — mois.
Seule.
Vaccins.
Jugements.
Règlements.
Seule.
Hmm. Bon.
«J'ai toujours été gourmande...»

Ainsi me lançai-je dans la périlleuse, déjà aventureuse étape de la rédaction du dossier. Dix pages de présentation, de choix, d'introspection, d'aveux et de surprises. Mais après tout, l'écriture, ça me connaît. Non, le plus drôle, le plus fou, ce qui vraiment m'a permis de soumettre un dossier fait avec sérieux, passionnément mais avec la profonde conviction que je n'avais aucune chance et rien à perdre, ç'a été le film. Moi, j'ai fait un film! Moi qui déteste la technique, les appareils, qui m'approche craintivement du magnétoscope le plus anodin, je suis allée louer une caméra, un trépied (si, si), et j'ai tourné un film.

Sondage dans mon entourage : «Si tu devais tourner un film, un seul, tu choisirais quoi comme sujet?» Et mon premier sujet, qui s'était imposé à moi dès le début mais que j'avais écarté parce que trop personnel, est revenu, a fait son chemin et a accepté de devenir ma star, ma muse. Ma grand-mère. Quatre-vingt-dix-sept ans aujourd'hui et toujours aussi impertinente, vive, têtue; une Femme jusqu'au bout de ses ongles qui lui ont bien servi en presque un siècle...

Et le décalage entre la vie et le produit fit alors son apparition pour ne plus disparaître : si ce film est un bijou d'émotion pour mes proches, c'est une sombre merde techniquement.

Mais si nous sommes réunis ici aujourd'hui, comme on dit, ce n'est pas pour parler uniquement de l'avant, mais bien du pendant et du maintenant; l'un va difficilement sans l'autre. Et si je n'effleure même pas vraiment le matin fatidique du 29 juin 1995, quand les fameux huit noms «qui partent» furent annoncés, c'est que je suis une personne plutôt lente, qui déteste être bousculée. Encore aujourd'hui, je serais bien embarrassée de vous dire pourquoi et comment nous huit avons été choisis plutôt que d'autres, même si je nous aime passionnément. Mais surtout, encore aujourd'hui, je ne suis pas sûre de savoir comment je me suis sentie ce matin-là. Nous avions passé une longue et belle soirée le 28, tous les 15, à nous découvrir; il y avait donc dans la séparation des huit et des sept autant de déchirement que d'exaltation. Et enfin, encore aujourd'hui, j'ai mille choses à vous dire et non pas une seule en réponse à la question : «Pis, la

Course ? » En passant, si vous croisez des coureurs, sachez que les deux questions qui leur sont posées le plus sont : « Quel pays t'as préféré ? » et « As-tu mangé des choses dégueulasses ? »...

Ça ne démarre pas au quart de tour, l'écriture d'un texte au sujet de la Course. Le rythme de la Course non plus ne se prend pas les doigts dans le nez. Je n'oublierai jamais le jour du départ.

Il fait beau et chaud. On se réveille, c'est dimanche. Et c'est aujourd'hui. Encore une fois, on sait que ça va venir, on ne sait pas trop comment, ni quoi faire de plus que ce qu'on a déjà fait. Je n'avais même pas soupesé mon, ou plutôt mes satanés sacs à dos. Je me sentais comme un petit soldat ; forte, distante, concentrée et... déjà partie.

Mirabel se passa comme tant d'autres départs ; plein d'inconnus qui vous dépassent dans la file, des gens affairés, inquiets, euphoriques. On avait accompagné les premiers partants, la veille, à 5 h du matin, à Dorval. Maintenant Mirabel. Et Natalie qui n'arrive pas... On s'inquiète ; moi qui me réjouis de prendre mon premier avion avec elle et l'équipe de la Course parce que, ils ont beau en avoir vu d'autres... Elle arrive enfin.

Premier vol de Course : six heures passées avec Natalie à bavarder, à imaginer les six prochains mois et à s'émerveiller de se trouver là... C'était un de ses premiers vols. Et je me sentais émue de vivre cette rencontre de nos deux expériences de voyage si différentes. Je lui ai raconté : « Tu vas voir, le moment que je préfère, que j'adore ; cet instant où tout bascule et l'avion met pleins gaz. Tu ressens une telle impression de puissance et tu peux partager le délire, l'excitation, le bouillon d'adrénaline que crée l'idée du voyage, du départ en toi. » Elle écoutait, l'avion n'attendait que ça. On est parties en se regardant. La vie est belle. La peur aussi.

> *« Belles images, belles images... Raconter une histoire, intéresser les juges et les spectateurs, rester soi-même intègre et ambitieux. Lâchés dans la nature, voilà où s'apprivoisent les esprits, les caractères. "Je ne sais pas, je ne saurais pas dire qui je suis, je n'en ai pas la moindre idée", racontait Natalie dans son autoportrait. Est-ce que c'est vrai, ça ? Est-ce que ça le reste longtemps, toujours ? Sereine... il y a du boulot. »*
>
> — Schiphol, aéroport d'Amsterdam, 14 août 1995.

Vivre un endroit qu'on connaît par cœur au rythme de la Course, comme première étape, voilà ce que j'avais choisi. Surtout que j'avais connu Paris sous toutes ses facettes : en tant qu'étudiante, en travaillant, en chômant... Mon premier choix de sujet était aussi un portrait ; celui d'un petit garçon de cinq ans, pour ainsi dire de ma famille, atteint de fibrose kystique, dont j'aime passionnément la façon de croquer dans la vie.

Toutefois, un petit garçon, ça se protège et, malgré mon regret de n'avoir pu mettre en images sa beauté et sa sagesse, je ne mettrai jamais en doute la décision de ses parents de refuser que je le fasse. L'idée de vous présenter Chloé n'était pas nouvelle, mais comme ce fut le cas pour mon film sur ma grand-mère, je me suis demandé si elle vous charmerait autant que moi.

À Dieu vat! C'est le principe de la Course. J'ai donc suivi Chloé en Ardèche, chez ses grands-parents. Mais Chloé a eu tôt fait de repérer ce qu'elle a vite baptisé «le l'Œil» et j'ai eu beaucoup de mal à traquer sa vivacité et à l'enfermer dans mon «l'œil». La seule formule qui l'intéressait était la mise en scène; encore fallait-il ne pas avoir à recommencer la scène plus de deux fois! Enfin, à coups de quelques minutes par-ci par-là, avec la complicité de toute la maisonnée, parents, grands-parents et petit frère d'un an compris, j'ai happé ses bons mots, guetté ses sourires et ses mimiques impayables; enfin, elle a bien voulu que je la croque...

«5, Borgartùn. Rendez-vous au ministère des Travaux publics. Pour l'instant, à part dans les aéroports, je n'écris pas souvent. Pourtant, on peut dire que j'ai pris ça cool. Deux jours de boulot, deux jours de cheval, un jour de congé (beaucoup trop de bobos après ma chute de cheval), re-boulot jusqu'à jeudi, puis on verra. Ce que ça va donner? Aucune idée, vu le montage à distance. Je tâche de ne pas trop y penser. J'aimerais bien en parler à Denis bientôt. Il sait, lui, où vont les choses, plus que les juges à mon sens. Heureuse découverte en Islande : j'arrive à me débrouiller toute seule en terrain inconnu... J'aimerais que ça se voie plus dans mes films. Trolls, à moi!»

—Reykjavik, 29 août 1995.

Au sujet de cette fameuse chute de cheval, il faut que je vous dise: j'ai quand même réussi à penser avant tout à ma caméra. En effet, elle se trouvait bien au chaud et en sécurité dans un petit sac à dos ventral. Je me suis donc arrangée pour tomber sur le côté. Résultat : en plus de déchirer gore-tex et polar, je me suis infligé le plus impressionnant bleu à la cuisse et le coude le plus enflé de ma carrière, mais la caméra, elle, est demeurée intacte.

Loin comme on l'est pendant la Course, livré à soi-même, c'est souvent le corps qui nous rappelle cette distance, la douleur physique qui réveille celle du cœur. Ce sont ces moments que l'on redoute tant, où le corps fléchit et abandonne la carapace illusoire que l'on brandissait. Mais il y a aussi les pires moments, pires que ceux qui nous rappellent combien on est encore petit, combien le temps où c'est maman et papa qui embrassaient notre fièvre est encore si proche. Il y a les moments où c'est le cœur qui lâche, qui s'avoue vaincu. Qui hurle enfin « Oui, j'ai mal », « Oui, j'ai peur », « Oui, il est loin, elle est loin, ils sont tous loin et moi, celle que je connais, je suis là, mais différente, loin à ma manière. » Parce que je m'observe, je me demande des choses que je ne me suis jamais demandées. Parce qu'il n'y a personne à qui l'on puisse mentir moins longtemps que soi-même.

J'ai toujours été gourmande, disais-je en ouverture de mon dossier de Course. J'ai dévoré les six mois du voyage, comme j'avais dégusté les semaines de préparatifs du dossier et celles des sélections, celles enfin du compte à rebours. Quelque 16 329 600 secondes d'amour fou, avec ce que ça comprend de haine et d'éclats, de jouissance et de peur. Des battements d'yeux à en devenir aveugle, des respirations profondes, incrédules, exaltées. J'ai pleuré à force d'avoir aimé, à l'idée qu'un jour ce serait terminé, différent. Plus jamais. Un autre, un ailleurs, autrement, pour d'autres raisons.

Coups de foudre ? Oui, parce que ce sont des coups. Parce qu'on plie. Parce que ce sont les êtres qu'on aime d'amour, les lieux qu'on découvre tout nu qui nous frappent le mieux. Chloé ne pouvait pas me toucher davantage qu'elle ne le fait déjà. Mais très vite, l'ouverture se fait. Il y a des ailleurs, des autres qui vous attendent au tournant.

Je suppose que la difficulté de raconter vient de cette nécessité de rentrer dans le vif. Je demandais à l'une des « huit petits » ce que j'allais bien pouvoir dire, comment choisir, laisser aller. Est-ce que tout ça nous appartiendra toujours autant, après avoir été raconté ? Elle m'a répondu : « Moi, ce que je veux savoir, ce sont tes coups de cœur, tes moments les plus passionnés... » Rien de moins.

•

Mon étape en Écosse n'a été planifiée qu'assez tard finalement. Elle m'a été imposée par mon cœur justement, le célèbre indiscipliné. Une amie très proche de ma famille parlait souvent de son île en Écosse, de ses racines d'un an d'exil, de ses jeunes années là-bas. Son père avait enseigné un an dans la région et emmené toute sa petite famille avec lui. Tombé sous le charme de l'endroit et de ses gens — un lieu n'est rien sans ses âmes —, il y avait laissé son cœur et s'était juré d'y faire ramener son corps, après... L'histoire d'un père, amoureux d'une patrie autre que celle de ses origines ou de sa résidence, je dois avouer que c'est un sujet familier pour moi. Surtout que cet homme est mort quelque temps avant mon départ du 13 août.

J'ai été accueillie chez Fiona. J'ai mis quelques jours à me sentir à l'aise auprès de cette femme réservée. L'histoire qui m'intéressait, c'était la sienne aussi ; son père et le défunt rêveur s'étant liés d'une amitié à l'épreuve de la distance, du temps et même de la mort. Elle m'a fait rencontrer son père, dans toute sa beauté, dans toute l'intensité intouchée de ses souvenirs.

Le film s'est donc tourné. Je sillonnais Mull, ce paradis d'Écosse, dans ma recherche avide d'images pour appuyer la version d'un coup de foudre que je vivais moi-même. Mes journées, mes soirées étaient prises en main par mes guides de l'endroit, rencontrés dès les premiers instants à Mull : Pal et Michael, mes marins, Marian, Danny et Mark, Ellie et Mandi et Gavin, le fils de Fiona. Tout concourait à tisser une douce toile entre Mull et moi. Le départ de Mull fut le premier départ de Course où je sentis ma dérisoire carapace se lézarder pour finalement éclater en morceaux, et moi en sanglots.

Le père de Fiona est mort un mois après mon départ de Mull.

« Le jour du départ pour un tel voyage, aussi géographique qu'intérieur, je savais que ce qui m'effrayait, plus que les films, plus encore que la solitude, c'était la douleur. De s'attacher, de devoir partir, de prendre sans savoir quand on pourra donner à son tour. Qu'on le veuille ou non, on se durcit, on se protège. Et ça non plus, ça ne me plaisait pas : promener ma carapace autour du globe. Et puis, un beau jour de tempête, j'ai débarqué au fin fond de l'Écosse, dans le cœur des gens. Tout arrive d'une telle façon qu'on ne résiste plus, on se laisse faire. Rien ne sera plus comme avant : on est amoureux. D'une histoire, d'un peuple, d'un pays. »

— Texte de présentation du film *Ivre d'Écosse.*

•

« Je suis arrivée à Rome tard le 22 septembre. Nuit à l'hôtel Virgilio, via Palermo 30, après avoir arnaqué mon chauffeur de taxi et récupéré mon trépied cassé de l'aéroport. Chambre à 150 $, réservée par mon contact ! Pas tout à fait « budget Course », mais bonne nuit de sommeil. [...] Aujourd'hui, c'est la première émission notée et elle est commencée depuis six minutes. Tout à l'heure, conversation téléphonique avec maman ; je parle de trépied cassé, du "Arrête de nous dire comment tu veux faire ta Course, fais-la !" de Pierre, et de mon chagrin d'Écosse... Je vais appeler mon film "Je me prends pour une olive ou Chronique d'une pression annoncée". Le tournage avance. Il manque seulement tout le reste. Bah. [...] J'ai l'impression qu'au fil du temps, je m'enfonce, coupant peu à peu tous les fils du passé, du concret, du solide dus aux autres et les compensant par d'autres, les miens. Cela laisse prévoir une très grande solitude pour l'avenir ; encore une étape, un degré dans l'indicible, l'impartageable. [...] C'est assez impressionnant de sentir un tel coussin derrière soi quand même : Radio-

Can, famille, amis et autres, même si sa plus grande lacune est, bien sûr, la distance. »

—Casaprota (Italie), 24 septembre 1995.

Dans ce fameux village, je suis d'abord accueillie chez Don Elio, un petit vieux curé de campagne délicieux. Après quelques jours chez lui, cependant, il me demandera avec ménagement si ce n'est pas possible que j'aille habiter chez une de ses ouailles plutôt que chez lui car, laisse-t-il entendre, je crée « trop d'activité autour de moi ». Je déménage donc chez Lorenza et Romualdo Filippi (comme s'appellent les trois quarts du village, le prénom est donc essentiel), chez qui je me donne l'impression d'être revenue chez mes parents. Sachez, entre autres, que les pâtes en Italie sont une *entrée*, en général suivie d'un poulet rôti ou d'un ragoût ! Et il est hors de question de ne pas se resservir...

Les cinq jours à Casaprota filent, mon tournage est aussi complet que possible (j'ai rempli les deux cassettes de 20 minutes réglementaires) ; je repars donc pour Rome. Je quitte Don Elio, Lorenza, Romualdo et Assunta, la *nonna*, ainsi que Federica, Lino, Pepe et mes deux acolytes guides pour le tournage : Walter et Emanuele. Fils de la famille de notables de la région, les Micarelli, il m'a promenée comme un châtelain montrant son domaine et celui de ses ancêtres : avec une générosité, un humour et une énergie infatigables, dignes de ses 19 ans. Quant à Walter, c'est lui qui me raccompagnera en voiture à Rome. Il paraît qu'il y est chauffeur d'autobus. Ma foi, peut-être sur le circuit de Formule 1 !

Mon deuxième jour à Casaprota, j'ai déjeuné dans la villa de mon contact romain, Giovanni Spinelli. Grand journaliste, voyageur lui-même, il est fasciné par la Course et sa formule, exprimant ce que j'ai souvent entendu : les coureurs font un travail que très, très peu de journalistes accepteraient de faire, dans des conditions rares. C'est toujours bon à prendre, ce genre de compliment. M. Spinelli me présente un couple de Romains avec qui je m'entends tout de suite à merveille. À la fin du déjeuner, ils m'invitent à venir les voir à Rome lorsque j'y serai de retour, puisque je n'y connais que M. Spinelli. Entendu.

« Dîner chez Maria et Franco Ventura, rencontrés à Casaprota, chez Spinelli, au déjeuner du 24 septembre. J'arrive (Franco est venu me chercher à la station de métro Laurentina), puis au bout de quelques minutes de bavardage dans le salon, voilà Carlo. Maria m'avait beaucoup parlé de son fils à Casaprota, comme d'ailleurs toutes les femmes italiennes que j'ai rencontrées m'ont parlé des leurs. Serais-je la bru idéale pour un fils italien ? Toujours est-il que les fils en question correspondaient rarement à mes idéaux à

moi... Enfin, dans ce cas-ci, les présentations sont faites... Je reste sous le charme. Dîner très sympa. Après, Carlo me propose, sur une idée de sa mère, de me faire faire un tour de Rome "by night". OK. On part donc. Commence la visite de nuit de toutes sortes de sites romains, ruines, etc. Aux thermes de Caracalla, après la tombe de Romulus et ce drôle de bâtiment fermé aux amoureux, j'exprime ma frustration de ne pouvoir entrer nulle part, voir vraiment. Alors Carlo, Carlissimo, bombardamento e amante de la banda de Sans-Soucis, me propose d'aller ailleurs où l'on peut escalader, enfreindre, se faufiler. On va donc au Colisée, on marche un peu, en bavardant; il parle et parle, plaisante, baladin élégant et fantasque. Puis on arrive aux jardins du Forum. On escalade : muret, le long d'une grille, buissons, talus et hop! dans le jardin à côté de la villa du gardien. On court, baissés, et on se retrouve — miracle — dans les jardins. Fontaines, escaliers. Buissons, jardins taillés, marches, parapets, balcons, terrasses. Vue. Silence. Rome rose dort. Allées vertes et gravillons, toiles d'araignées, villas éclairées, marbres abandonnés, statues bellissimes et clarté nocturne. Portes qui ne mènent nulle part, pieds de marbre ajouré, drapés, yeux creux. On s'assied. Quarante siècles nous contemplent et les klaxons de Rome, au loin, nous bercent.»

—Avion vers Lomé, 2 octobre 1995.

Je n'avais encore jamais reçu de lettre d'amour en italien.

•

Le Togo m'a accueillie en morceaux, autant du fait de Rome que du lariam (anti-paludéen). C'est toujours épatant de logique qu'un médicament destiné à vous empêcher d'être malade, non seulement vous rende malade autrement, mais vous rende déprimé comme une vache. (Quand il n'y a pas de train qui passe ou qu'elles méditent sur le sort de leurs congénères aliénées, les vaches n'ont pas de quoi être gaies, vous savez.)

Enfin, accueillie je l'étais, car mes contacts à Lomé avaient été faits grâce à Patrick Brunette, qui y avait vécu de longs mois. C'est donc un séjour togolais idéal que j'ai fait. Accompagnée par Delah, éminent journaliste à la télévision nationale et présentateur du téléjournal, j'ai découvert les délices du fufu, le plat national (viande de porc-épic, de poulet, de bœuf, de cabri ou de mouton en sauce, dans laquelle on trempe des boulettes de pâte d'ignames roulées, tout cela, bien sûr, avec la main droite.)

Il m'a présenté Elsa, mon alter ego togolais, avec qui j'ai sillonné Lomé, en quête d'information, d'entrevues et d'images pour un film malheureusement resté réserve; celui-ci traitait du marché parallèle des médicaments périmés, très répandu en Afrique occidentale. Elle râlait autant que moi, poussait les portes avec autant de détermination que s'il s'était agi de son propre film, de sa propre Course. Mes échecs ont été les siens, et nous avons partagé nos victoires et nos astuces (comme lorsque, finalement, j'ai pris la décision de laisser ma caméra tourner à l'insu de tous les gens que j'abordais, pendant qu'ils nous éconduisaient, délicatement ou pas, tant le sujet est politique).

Elle m'offrait aussi un point de vue inattendu sur mon deuxième sujet, celui que vous avez vu, les «deuxièmes bureaux». Célibataire, elle vit cependant de drôles d'histoires avec l'homme togolais, un genre multiple, partagé, disons-le : volage. Mais ils ne le sont pas tous. Et j'aimerais que vous vous imaginiez, assis sur une barque renversée, sur la plage de Lomé, l'océan devant vous, et Delah qui vous chante des cantiques à la gloire de Notre Seigneur... Une foi de premier chrétien, qu'il tente en vain de me transmettre, ainsi qu'à Patrick, qui s'en rappelle très bien... Athée, va !

La foi, il a quand même fallu que j'en aie. Une foi qui s'appellerait conviction ou confiance. Que mon chemin est trouvable, les difficultés vivables et les émotions «dicibles». Mon père était ethnologue africaniste. Il partait un été sur deux, voire tous les étés, au Gabon, faire des recherches sur le Bouiti. Il est mort il y a maintenant quatre ans.

J'appréhendais le Gabon autant que je l'avais rêvé. Je m'y voyais, pieds nus, sac au dos, une énergie inépuisable me menant sans trêve ni détours sur les traces de mon père. J'arrivai à l'aéroport de Libreville, où m'attendait Lazare, Monsieur le ministre Lazare Digombe, vice-président de l'Assemblée nationale et ami de mon père. Son chauffeur nous attendait, son aide de camp partit avec mes passeport et carnet de vaccination pour vérifier s'ils étaient en règle, puis on me déposa à l'hôtel Intercontinental pour ma première nuit gabonaise...

Inutile de dire qu'une bonne nuit de sommeil et 250 $ plus tard, je m'exprimai plus clairement. Ce séjour que j'aurais voulu pouvoir mûrir longuement, laisser se placer et venir à moi, je le vécus donc au pas de ministre ; une demi-heure pour cette vieille dame, trois quarts d'heure pour ce village... Dès le premier matin, nous prîmes la route vers Mouila, terres d'origine de Lazare, des recherches de mon père et de leur rencontre, il y a de cela 30 ans. Huit heures de «route» de brousse plus tard, installation dans la petite maison de Mouila, gardée par Jeannette : nièce de Lazare, 25 ans, deux enfants de 8 et 10 ans. Je découvris enfin les deux villages qui virent arriver mon père dans les premiers temps de ses recherches. Et ils rencontrèrent enfin la descendance de Tanislas, comme il était appelé.

C'est ce jour-là, pour la première fois, que je mesurai la profondeur des sentiments que mon père inspire aux Apindji. Apprenant qui j'étais, les plus vénérables et anciens d'entre eux tombaient souvent à genoux, remerciant le ciel en pleurant de leur avoir permis de voir ce jour. Et moi, je les remerciais en silence d'aimer mon père autant que moi, encore aujourd'hui. On planifia une cérémonie pour le lendemain. Deux en fait, car aucun des deux villages ne voulut se contenter de se joindre à l'autre pour n'en faire qu'une.

Le lendemain arriva. Je tournai, emplis mes deux cassettes réglementaires dès ce soir-là. Nous repartîmes pour Libreville le lendemain.

Pourquoi n'être pas restée, m'être organisée autrement ? Parce que je me sentais bousculée, mais que cette efficacité me rassurait sans doute. Elle sous-entendait clairement qu'il n'y aurait pas de place pour les débordements d'émotion et de deuil que je redoutais.

Il existe dans le folklore gabonais une représentation sculptée de trois petits singes : l'un préfère ne pas regarder, l'autre ne pas écouter, le troisième, enfin, ne pas parler. On dit que là est la sagesse : ne rien voir, ne rien entendre et surtout, ne rien dire. Je déformai ces petits avocats au profit du cheminement de mon deuil. Jeannette, ma jumelle gabonaise, se prêta au jeu et me représenta dans ces trois isolements.

Je rentrai donc à Libreville, que je quittai dix jours plus tard, mon film toujours pas monté, quelques bribes de texte pondues dans la douleur. Je retournai au Togo pour trois jours, monter mon film de force et attendre le premier des six vols infernaux qui, pendant trois jours, me mèneraient au Népal.

Je gardai en tête ces mots de Lazare : « Je n'aurai pleuré que deux fois : à la mort de mon père et à la mort de Swiderski. Tanislas est le seul Blanc qui m'aura fait pleurer. »

À Lomé, je récupérai mes films togolais que DHL Lomé n'avait jamais envoyés en 12 jours (!) et quittai de nouveau Elsa, Delah, Tino et les autres, mon film gabonais en plus dans mes bagages et dans mon cœur. J'avais fini par le monter. Accepter qu'il soit terminé et prêt à être vu.

« Déjà une petite semaine de Népal. Les trois jours de voyage ont été, comme prévu, un enfer. Pas tant pour la fatigue, que je craignais, ni pour les douanes que je craignais aussi. Elles m'ont plutôt bien fait rigoler.

Arrivée au Sultanat d'Oman, après des escales à Lagos, Abidjan, Kinshasa et Nairobi. Le douanier fouille consciencieusement mon sac d'équipement technique, dans lequel j'ai glissé, outre les appareils et gadgets, les accessoires indispensables à trois jours d'avion sans douche ni sommeil à l'horizontale...

HAUTS ET BAS DU PARENT COUREUR

Il me semble que j'aurais bien aimé, en juin 1995, rencontrer quelqu'un qui serait déjà passé par ce qui m'attendait. Le départ des coureurs venu, on se rend pourtant compte que la machine fonctionne bien. On est impliqué. On devient tout d'un coup une personne médiatique. Si je devais résumer d'un mot la magie de la Course, c'est cela que je retiendrais. Bien sûr, ce n'est pas vous qui faites la Course, c'est votre enfant. Pourtant, vous la faites aussi à votre manière. Vous êtes embarqué: votre monde s'agrandit, vos valeurs changent, vous découvrez sur votre enfant, sur le monde et sur vous des tas de choses que vous ne soupçonniez même pas. Mais la partie exaltante et parfois presque un peu effrayante de l'expérience, c'est de découvrir (et de devoir admettre) que vous ne connaissiez pas vraiment votre enfant. Ou bien que toute cette affaire est en train de vous le changer à vue d'œil. Les deux sont vrais. Et finalement, cet autre enfant que la Course fait naître est en quelque sorte l'enfant d'autres personnes. Vous l'avez donné en adoption pour ces six mois-là. La plupart du temps, c'est facile; vous trouvez les parents adoptifs plutôt doués. Il faut accepter que, bien souvent, l'équipe en sache plus que vous sur ce que votre enfant vit réellement. Mais je peux dire que la Course m'a donné sept enfants de plus. J'ai pris plaisir à les regarder grandir, tous, sous mes yeux. Pas seulement la mienne. Et quel bonheur de voir combien ils s'aiment, tous les huit! Quelle leçon pour notre pauvre monde qui ne table que sur la compétitivité! Au retour, ils ne pouvaient plus se quitter; ils s'admirent, ils se comprennent. C'est entre eux seulement qu'ils pouvaient apprivoiser de nouveau la réalité. Car il faut bien, à un moment donné, REVENIR. La qualité de la relation qu'ils ont bâtie entre eux se vérifie là, au-delà des multiples et inévitables côtés pervers de la Course, du «show». Mais bientôt, la routine menace de reprendre le dessus, après un temps où tout semblait possible. S'étonnera-t-on qu'ils n'en veuillent plus? Que tous, sans exception, cherchent à faire, à être autre chose que quand ils sont partis? Les y aide-t-on? Une de leurs souffrances, la plus douloureuse sans doute, c'est que ceux qu'ils aiment ne comprennent pas la profondeur de la mutation que la Course leur a fait vivre; ce serait surtout de sentir que tout le monde s'attend à les retrouver, comme si rien ne s'était passé. Alors la Course, ce n'est pas une parenthèse de six mois, un an maximum. C'est un chamboulement total, un de ces moments de la vie avec un avant et un après. Plus rien, jamais, ne sera tout à fait pareil. Et c'est tant mieux.

Marie-Laure Girou Swiderski

En plus d'un oreiller gonflable, de boules Quiès, de ma trousse médicale, de mon walkman, de mes journaux de voyage, d'un t-shirt et de sous-vêtements de rechange, j'ai prévu, dans une petite poche, cinq ou six tampons comme ils sont faits maintenant, emballés en plastique turquoise, rose, vert... Le douanier les extrait de leur cachette avec un air à la fois triomphant et aussi compréhensif que possible du gars qui va vous tirer les vers du nez. Pourquoi y a-t-il des microfilms dans ce sac si technique, alors que je prétends être une simple touriste? C'est la question à laquelle je m'attends. Au lieu de cela, après les avoir inspectés un à un, il me demande : "Chocolate?" tout en en déballant un. Je tâche de garder mon sérieux, niant que ce soit comestible, bien embêtée à l'idée qu'il faille expliquer à un sujet du Sultanat d'Oman à quoi peuvent bien me servir ces chocolats absorbants...
L'équipe de la Course nous avait dit qu'à un moment, il fallait décider d'être ferme avec les douaniers imbus de leur statut : au bout du deuxième tampon déballé avec perplexité, je me fâchai et les rangeai. Bon!
Non, si ces trois jours ont tourné au vinaigre, bien avant le Sultanat d'Oman, c'est parce que les XXX de XXX ont perdu mon sac pendant Lomé-Nairobi en six escales! En fait, il paraît qu'il n'est jamais arrivé à Nairobi! Depuis, je passe des coups de fil tous les jours avec Delhi, où je suppose qu'ils font tout leur possible pour le retracer. En attendant, plus de fringues, ni de cassettes vierges, ni de souvenirs d'Afrique, ni de sous-vêtements (et au Népal, on dirait bien que ça n'existe pas!), ni RIEN. J'ai même oublié de garder mon premier livre de journal de voyage sur moi! Je me sentais déjà assez comme un escargot avec ma maison sur le dos avant qu'on me l'enlève. Avec Géraud reparti pour Paris, je n'ai donc même plus de maison qui m'attende. Et dire que j'arrive à penser que RC ne m'aime peut-être plus parce que je suis huitième...»

—Katmandou, 3 novembre 1995.

«Je reprends, aujourd'hui 10 novembre. Mon sac est revenu entier! C'est vraiment un miracle et je suis tout heureuse. Je l'ai vidé et le regarde de temps en temps. J'ai relu une partie de mon journal des deux premiers mois. En fait, pendant tous ces jours d'angoisse et de déprime où j'appelais Gulf Air tous les jours à New Delhi pour les engueuler, mon sac était parti à Addis Abeba, mais avait été rapatrié à New Delhi aussitôt. Il était sagement installé dans le bureau voisin de celui du fonctionnaire que j'engueulais et qui n'a donc jamais levé le cul de sa chaise pour aller voir...»

Le troisième jour au Népal, Diana, le charmant contact que j'avais au CECI, m'emmène à Lakure. Je lui explique ce que je cherche à filmer. Elle me parle de Shôba. Parfait. Deux petites heures de route de Katmandou jusqu'à Lakure, suivies de deux ou trois petites heures de marche en montagne, et voilà Kakani.

L'accueil est très charmant, quoique surtout expressif, le népalais n'étant pas la langue que j'ai appris à maîtriser le mieux dans cette Course... Je suis accompagnée par deux guides, Pandi et Bishnu, dont l'anglais est très approximatif mais somme toute compréhensible. Vers 20 h, plus de lumière. Nous avons dîné : daal bhat (lentilles et riz), comme à tous les repas, toujours.

Dodo. Je m'allonge, par terre entre mes deux guides protecteurs, à côté de l'aire sacrée du feu (sur laquelle je ne peux pas marcher ou m'asseoir, n'étant pas de la même caste que la famille de Shôba). Et je tâche de m'endormir. Malgré le froid, malgré l'heure inhabituelle du coucher, malgré le peu de place et l'étrange inconfort de dormir entre deux inconnus. Mais surtout, malgré l'exaspérant fond sonore qui accompagnera mes trois nuits à Kakani : dans la petite pièce attenante vit une chèvre... qui tousse. Et quand elle ne tousse pas, elle secoue la tête, accablée par je ne sais quels soucis : ses oreilles se rejoignent alors au sommet de sa tête. Flap flap flap...

Quand Shôba descendra à 4 h 30 pour allumer le feu et mettre la maisonnée en marche pour la journée, je ne suis pas de la meilleure humeur, moi qui adore dormir... Surtout qu'avec tout le thé qu'on boit, j'ai dû me lever en pleine nuit — quoique 4 h 30, c'est aussi la pleine nuit ! — pour faire pipi. Bien que j'utilise une petite lampe de poche, je réussis quand même à me retrouver dans l'enclos des vaches — nous avons été aussi surprises de se voir les unes que les autres.

Enfin, bientôt, vers 5 h, je bois de nouveau un thé délicieusement épicé, accompagné malheureusement de riz au piment et de pois secs. La fatigue aidant, la contrariété de n'être comprise verbalement par personne, le fait de savoir que pendant trois jours je ne pourrais pas me laver, à moins d'affronter le village entier en allant à l'unique robinet sur la place du village, les « toilettes » à la grandeur du Népal, mon découragement et les trois mois de Course accumulés font que j'éclate en sanglots. Je farfouille dans mon « Lonely Planet Easy Nepali » pour trouver le moyen de dire J'EN AI MARRE DE VOYAGER tout en faisant attention de ne pas les vexer. Levant les yeux du petit guide, je m'aperçois que le village entier s'est rassemblé chez Shôba et me regarde pleurer, leurs sourires toujours aussi rayonnants. La vie est belle.

Avec tout ça, le Népal reste quand même le premier endroit où je me sois reposée. Et j'ai bien fait, vu ce qui m'attendait à la prochaine étape : le Bangladesh.

« Bonjour monsieur le douanier, non je ne suis pas journaliste, oui cette caméra est à moi. Pourquoi une caméra ? Vous savez bien, les touristes riches, ça aime tout filmer, surtout la pauvreté. Si je connais quelqu'un dans votre pays ? Oui. Non, il est marié. Et moi, je n'ai aucune envie de l'épouser pour rester, m'établir dans votre pays. Merci pour tout. Et je vous promets, je ne vendrai pas ma caméra, ma seule constante de ces six mois, ma copine en plastique qui ronronne quand on appuie sur REC, avant de quitter votre beau pays. Ma vie dépend de ce qu'elle a dans le ventre, cette petite... »

MYTHE N° 8 : IL FAUT SAVOIR PARLER PLUSIEURS LANGUES POUR FAIRE LA COURSE.

Ab-so-lu-ment faux. Mais ça aide. N'étant allée dans aucun des pays exotiques dont je parle la langue exotique, j'ai parlé anglais 60 % de mon itinéraire, et français 30 %. Les 10 % restant se divisent en pas mal d'italien, quelques conversations en espagnol, au gré des rencontres (dans un train australien, par exemple), et des bribes de népalais, de bengali et de vietnamien... Il reste, valeurs immuables, celles du sourire, du regard franc et de l'intérêt respectueux que l'on porte à son interlocuteur.

Une arrivée comme tant d'autres, dans ce pays où des grappes humaines marquent mon trajet. Julian, ami de longue date installé au Bangladesh depuis quatre mois, arrive enfin... et m'emmène au Canadian Club de Dakha : piscine, hamburgers et la presse de chez nous ! Première semaine assez *cool.*

Je rencontre Rejaul Karim, guide de profession. Il m'emmène voir Sonargaon, la ville-fantôme. Le lendemain, je le rappelle pour aller voir les gitans du fleuve, que nous suivons pendant une longue journée. Je voulais vivre deux, trois jours sur leurs bateaux, avec eux ; il m'en a dissuadée, convaincu que je suis complètement folle. Finalement, après ces deux journées concluantes (je décide de lui faire confiance : on a rarement plus de cinq minutes pour juger les individus qu'on rencontre dans le cadre de la Course), je lui propose de m'accompagner dans le nord du pays, une semaine. On négocie ferme le prix de sa compagnie. Il accepte. On partira le 27 novembre, lendemain d'une nuit à l'hôtel (jusque-là, j'ai habité chez Julian, dormant avec les enfants, dans leur appart' d'un quartier populaire bengali, c'est-à-dire pauvre et sale) pour faciliter mon coup de fil en direct à 4 h 15 du matin.

L'arrivée dans le nord est typique de mon séjour au Bangladesh. *« Pays musulman : grande première. Non seulement suis-je le seul être Blanc dans la rue, mais la seule femme et non accompagnée !*

Inutile de dire que je ne passe pas inaperçue. C'est assez fatigant, mais beaucoup moins inquiétant que les premiers jours. On nous a refusés dans trois hôtels jusqu'à présent : une Blanche seule avec un Bengali, quelle honte! Finalement, on a trouvé une chambre à trois lits au lieu de deux chambres à un lit... Ce qui ne m'enchante guère. Enfin.
Ma gorge ne s'améliore pas depuis trois jours. J'ai de la fièvre et mes yeux se sont mis à suppurer en plus. Mon énergie n'est vraiment pas au rendez-vous. Je me coucherais bien. Je suis en état de veilleuse, et quel manque de tendresse, d'affection, de proches. [...]
Toujours ce mal de gorge, et maintenant une toux abominable. Même les Bengali me font des remarques, eux qui s'y connaissent pourtant en estropiés graves de toutes sortes.
Aujourd'hui, on a visité le zoo de Rangpur et c'est sûr qu'il y avait un animal de plus. Quand je l'ai dit à Karim, il a rigolé. Il a ajouté que quand il s'absente, s'il me cherche, il n'a qu'à repérer le plus gros attroupement ; c'est sûr que j'en suis le noyau. Les Bengali fixent ; ils abandonnent toute action et fixent, les yeux exorbités. Ou font des remarques en ricanant. Ils crachent. Se mouchent par terre (entre leurs doigts). Se tripotent l'entrejambe sans arrêt. Rotent (influence musulmane). Se lavent les deux mains pour manger, mais n'utilisent que la droite. Se lavent soigneusement la bouche après avoir mangé et se curent les dents. Mâchouillent des petites graines pour digérer. Feuilles et noix de betel. Boivent beaucoup de thé au lait, comme au Népal. Mangent beaucoup de pâtisseries et de yaourt très sucrés, mais comme snack seulement, pas en fin de repas. Sinon, c'est daal bhat, daal bhat, daal bhat. J'ai de plus en plus mal à la gorge, aux oreilles et ma fièvre monte. L'imbécile de pharmacien que j'ai vu aujourd'hui, après description de tout ça, a voulu me vendre des pastilles contre la mauvaise haleine ou, en deuxième choix, des gélules mauves sans notice (antibiotiques ? laxatifs ? décongestionnants ? qui sait ?).
Il est 19 h 30, Rangpur time. Heure de la prière, après le petit tap-tap pour être sûr du micro. Il devait être nerveux la première fois. »

— Saidpur, 29 novembre.

« Toujours chambre d'hôtel où je vais un peu mieux. Rentrée depuis quatre jours du nord. Vu médecin de la Haute Commission. Ça fait trois jours que je ne me suis pas levée. Le brouillard de la fièvre s'estompe. J'ai su que le film sur papa était passé : 17, 18, 18. Même Coulombe l'a aimé. Ramirez a dit que c'était un bijou ! On croit rêver. »

— Dakha, 4 décembre.

Le 7 décembre, quatrième anniversaire de la mort de mon père, je quitte le Bangladesh et aujourd'hui, c'est le pays qui m'appelle le plus à repartir. Vingt-quatre heures passées à Bangkok, bien remplies. Outre une soirée agréable à me promener, j'effectuerai la première — et seule, j'espère — opération à cœur ouvert de ma carrière : sur ma défunte première caméra.

Elle a rendu le dernier soupir d'épuisement pendant mon sommeil lors de ma dernière nuit à Dakha et gardé mes cassettes prisonnières. Je n'ai donc pas pu finir de visionner mes films bengali que j'enverrai tels quels à Denis avec un montage imaginaire. Je suis donc assise sur mon lit d'hôtel à Bangkok, un technicien de chez Panasonic de Montréal au bout du fil, mes tournevis en main et ma petiote le ventre ouvert. Peine perdue, le diagnostic semble irréversible. Elle repartira seule pour Montréal et sera remplacée dès que possible.

Enfin, consolation de poids : arrivée à Hanoi sans encombre, au lieu de l'habituel assaut auquel je m'attendais (où l'on me propose taxi, porteur et autres arnaques), je me trouve les yeux dans les yeux avec... Philippe. Après embrassades incrédules et sauts de joie, je reçois un bolide hurlant dans les bras : Stéphane ! Soucis, restes d'otite et autres fatigues se sont évanouis, exorcisés par cet accueil inespéré. Je flotte. Et je suis sauvée : à deux caméras pour trois, on s'arrangera.

« Parc Lenine, il est cinq heures. Tout ici bouge de concert, rythmes et cadences. On est partagés entre les clowneries adorables de Steph et la pure beauté du lieu. Toute cette vieillesse sereine. Petit déjeuner royal chez Pascal et Nyoum ("Velours de rose") : baguette fraîche, fruits, vrai beurre après deux mois de beurre de yak ! (...) Quelle semaine magique ! J'ai plongé dedans avec délices et goûté la magie de la chimie. Il y avait une chose que je voulais absolument voir au Viêtnam : la baie d'Ha Long. Je l'ai vue. Tout un travail de convaincre les garçons à prendre le temps de le faire. Bateau loué ; à trois ; nourriture, cuistot, capitaine, coucher compris : 60 $... La brume se lève pour nous offrir ces îlots étranges, un peu difformes mais attachants. Le soleil joue, glissant expertement entre les seins de la baie d'Ha Long et nous trois dérivons, vague à l'âme, amarrés à la seule certitude nécessaire : nous sommes vivants, ensemble. Le bonheur. Magique, féerique, insolique. »

—Aéroport de Singapour, 17 décembre 1995.

La touffeur ambiante de l'Indonésie m'a accueillie. Langueur, humidité, je me fonds dans la verdeur moite de ces îles. L'accueil à Bali a été à la mesure de mes espoirs, comme pour laisser présager les Fêtes. Natou m'attendait à l'aéroport et j'ai cru me reconnaître.

J'ai reçu mon colis de Noël ; une super lettre de Linda, deux belles lettres d'amis perdus de vue depuis trois, quatre ans et que j'ai ainsi retrouvés, de jeunes gens studieux qui « analysent » nos films (!) et mille magnifiques témoignages, remerciements, conseils.

Je suis bouleversée. Noël s'annonce bien. J'ai essayé de rejoindre les sept autres pour leur en souhaiter un joyeux ; le numéro de Linda en Espagne est occupé, on me dit à celui de Nat et Steph en Thaïlande qu'ils ont dû s'enregistrer sous un faux nom car ils demeurent introuvables ; quant à Manon, son numéro marocain est en réalité croate ! Ce sont les seuls que Radio-Can a pu me donner, avec celui de Philippe, le seul que j'attrape finalement à Manille : « Allô, Monsieur So-So ? C'est Madame Sing-Sing ! »

Le téléphone dans la petite maison que je loue est muni d'une plaque en plastique qui permet d'empêcher les locataires de faire des appels : je n'ai donc pas accès aux numéros, ni même à l'opératrice de Canada-Direct. Le problème sera vite réglé ; je glisse patiemment un manche de petite cuiller entre la plaque et les touches en tâchant d'appuyer uniquement sur les numéros désirés. Dans mon colis de Noël familial, un camembert, des truffes en chocolat... et un bloc de foie gras ! Mon couteau suisse se révèle bien utile.

Quelques heures après le tournage de *Bali Boys*, je m'embarque pour... Les mots me manquent. Le temps aussi. L'envie, non. De tout vous raconter, de tout vous dire. Il faut peut-être accepter, comme souvent lorsqu'on respire d'un coup et qu'on voudrait que ce moment n'arrête jamais, lorsqu'on se dit : « Je n'oublierai jamais, je leur raconterai, je saurai ne rien laisser au hasard. » Et le moment venu, la respiration nous manque encore, la distance semble infranchissable. Et on se tait. Il manque des lambeaux de chair, de sang, de miel, de plaisir. Mais j'aimerais que vous les rêviez aussi fort que je les ai vécus.

« Sur un Styx familier, j'ai ramé mes fragments. Réussi à oublier combien les départs déchirent pour ne pas me sentir me vider de nouveau. Mais les retours ? Mes sens en sont fous, insatiables, rassasiés. Où est la soie des veilles de fins, le velours des prolongements, l'eau limpide des coups de foudre aqueux de vos yeux ? J'ai servi crue la moëlle, l'essence de ma passion. Et je l'ai traversée pieds nus, je lui ai frayé un chemin, à mains nues et fidèles, peaux et chairs emmêlées.

Dans l'antre vert de mes pupilles se mire le cadeau de nos âmes ; le temps s'y noie, Narcisse abandonné. Il me reste, lancinants, les grains des peaux, des terres et les baisers, volés autant que les regards.

C'est un lacèrement doucereux, la morsure de nos peurs. Apprivoiser l'idée, l'image d'une beauté. Voir sans sentir ? Jamais ! Et vous le savez bien. Que m'importe la lueur, si elle n'a pas de chaleur ?

Les amants ne savent-ils pas toujours se trouver dans le noir ?
Disséquer ces émotions vécues à votre place, pleurer ces larmes déjà versées pour vous, sentir sur vous le sel d'une sueur sans effort, arborer le bleu d'un coup imaginé et les cicatrices que nous portons pour vous. Était-ce assez pur, assez brut ? Avez-vous vacillé sous notre vertige, soupiré de nos attentes, ravalé notre orgueil pour nous ? Avez-vous frissonné de nos jouissances ?
Je m'arroge le droit de n'aimer plus personne, après six mois d'amours absolues. Et je vous hais, comme on adore un amant trop chéri dont l'absence nous chavire.
Bientôt, vous en aimerez d'autres. »
(Eros et Thanatos)

LETTRE D'UN PROCHE

Montréal, le 11 juillet 1996

Chère Nanou,

T'es partie il y a un an, comme ça, tiguidou. Le look un peu snob « Carré Hermès et Doc Martens » avec ton accent français d'Ottawa ? Snob, te dis-tu ? Non... ou si peu. Le regard un peu ahuri, ne sachant pas trop ce qui t'arrivait. Mais tout de même décontractée (du gl...).

Je t'ai perdue. J'ai suivi ta petite balade à coups de courtes minutes, de semaine en semaine : « Utilise un trépied ROGNNTUDJUU ! ». Et les juges ? Sans commentaires ! Quelques petits mois plus tard, je t'ai retrouvée... changée. J'ai perdu à jamais la Marie-Noëlle que je connaissais, j'en ai retrouvé une autre, en modèle plus perfectionné. Une Nanou Pro-Deluxe cybernaute olympique (édition spéciale). Wow, attention les yeux : ça brille !

À ton retour, j'ai eu la chance de rencontrer les sept autres petits, qui souffrent tous un peu de la même maladie que toi. Tous des malades ! Il existe bel et bien un virus de la Course. Mais c'est un bon virus (il est gentil, si si !) qui affecte non seulement les coureurs, mais aussi les amis, la famille, ceux qui t'ont suivie dans ton périple. C'est le virus du voyage, de l'aventure, du contact humain. C'est aussi un virus qui affecte la zone du cerveau qui s'occupe des priorités de la vie. Les symptômes ? Tu as le goût de tout lâcher et de repartir découvrir notre planète et de rencontrer ses habitants. Aussi, tu n'as qu'une idée : passer le reste de ta vie entourée de ta famille et de tes amis. Nanou, tu es malade...
Ne te soigne surtout pas !

Merci de m'avoir contaminé...

Bisous
Seb

Sébastien Lavier
copain, coach, fan inconditionnel, malade lui aussi.

LE MONTAGE

Le montage, c'est l'enfer des p'tits coureurs. Sur une moyenne de dix jours par film, on consacre de deux à sept jours au montage (la plupart se font en trois ou quatre jours). C'est donc environ le tiers de chaque séjour que l'on passe enfermé à fixer une feuille blanche ou à visionner des images. Malgré certaines différences individuelles, les étapes sont à peu près les mêmes pour tous.

Tout d'abord, ce que les Japonais appellent la *shot list*. Une opération fastidieuse qui consiste à prendre en note la totalité des images filmées ainsi que l'endroit où elles se trouvent sur les cassettes (300 images = 300 descriptions + 300 codes de temps). Certains poussent la torture jusqu'à dessiner une partie des images. Ensuite, la conception du film, c'est-à-dire décider d'une structure sur laquelle on bâtira le film. On doit aussi écrire un commentaire et l'enregistrer, ce qui peut se révéler un véritable calvaire dans les environnements bruyants. Il faudra visionner et revisionner les cassettes pour trier, choisir et minuter les images du film, lesquelles seront agencées sur un plan de montage qui indiquera aussi les effets spéciaux, les sous-titres, le choix musical et les transitions entre les plans. À cela s'ajouteront les notes destinées à l'équipe de réalisation, des explications supplémentaires pour le monteur et un texte pour Pierre Therrien, l'animateur, qui servira à la présentation du film au moment de la diffusion.

C'est donc un long travail qu'on recommence à chaque film pendant que le bout du monde est juste derrière la porte. À Montréal, Denis Gathelier procède au montage proprement dit à partir de cassettes audio et vidéo et des indications précises qui les accompagnent. Sauf exception, nous ne voyons le produit final qu'au retour.

« Si pour les concurrents c'est l'enfer, pour moi le montage c'est le paradis. Chaque jour, je voyage dans l'univers d'un concurrent. Pendant six mois j'explore, pour mon plus grand plaisir, huit mondes très différents, avec la préoccupation de rendre justice à l'esprit des films qui me passent entre les mains. Malgré le fait que quatre heures, ça ne laisse pas beaucoup de temps pour le déchiffrage des hiéroglyphes... comme vous pouvez le constater à la page suivante. »

— Denis Gathelier

PLAN DE MONTAGE commenté par Denis Gathelier

Nom du concurrent # de l'émission 9 Titre du reportage Page

1 Temps	Temps cumulatif 2	Repère 3	visuel 4	Explication/Précision 5	Commentaire 6	Musique 7	Effet/Bruit 8

1 Durée de l'image.

2 Temps écoulé depuis le début du film (durée maximale: 4 minutes).

de 2:10 à 5:40, arrange-toi Denis!

3 Endroit précis où on trouve l'image et numéro de la cassette.

tu trouveras l'image vers la moitié de la cassette.

Ah oui! laquelle?

4 Description de l'image ou du plan.

Souvent différent de ce qu'il y a sur la cassette.

5 Indications complémentaires concernant le plan.

L'explication pour plus de confusion?!

6 Texte et durée du commentaire.

4 min d'images, 6 de commentaire: J'accélère la voix?

7 Titre et durée de la pièce musicale choisie.

Trouvez moi une musique émouvante, mais pas trop...»

8 Effets spéciaux et bruitages.

Fais comme dans le "grand bleu".

l'image doit être inversée, ralentie, à l'envers

Bruit de quelqu'un qui marche dans la boue séchée.

Un chausson avec ça?

9 Titre du film.

« Suivra par fax »

Drôle de titre pour un film!

LE CALENDRIER DES PRÉPARATIFS

À travers ce calendrier chargé, nous devions trouver le temps de nous dénicher quelques contacts à travers le monde, de lire un peu sur nos destinations, d'aller passer un examen médical complet, de magasiner l'équipement électronique, les vêtements et tout le nécessaire de voyage, de chercher la musique pour nos films, de l'enregistrer sur un tas de petites cassettes, de faire nos bagages, de calmer les nerfs de la blonde ou du chum, de déménager ou sous-louer notre appartement, supplier le gérant de banque et les créanciers de nous oublier un moment, de faire quelques entrevues et de dire au revoir à tout le monde.

Jeudi 29 juin A.M. Sélection des 8 partants.

Vendredi 30 juin A.M. Rencontre avec garde Aubé, l'infirmière de Radio-Canada.

1er juillet Ouf! Pendant ce week-end, tout le monde s'est payé un 10-12 minutes de sommeil bien mérité!

3 juillet A.M. Hôpital St-Luc. On apprend qu'il y a ben plus de maladies pis d'bibittes qu'on pensait. «Euh, y est-tu trop tard pour changer d'idée?»

P.M. Tournage avec Marshall Johnson et photos officielles. Marshall chorégraphie nos simagrées devant un carton bleu pour créer l'ouverture de l'émission.

4 juillet Journée ACDI (à Ottawa). «All right! J'ai tous les disques de AC/DI à la maison! Rock N' Roolll!!... Oups!»

5 juillet Préparation de l'itinéraire.

Vaccins. «Pas douze vaccins!!! Y est-tu trop tard pour changer d'idée?!»

6-7-8 juillet Rencontres individuelles avec l'agence de voyages Rythmes du Monde. Planification de l'itinéraire.

11 juillet Vaccins. Aaaahhhhhh!!!

12-13-14 juillet Rencontres avec Rythmes du Monde. Adoption de l'itinéraire définitif.

18 juillet A.M. Vaccins. Signatures des visas. P.M. Cours de caméra avec Ricardo Trogi.

19 au 23 juillet Tournage des auto-portraits. Pour les 100 ans du cinéma, Monique nous propose de tourner notre autoportrait à la manière de nos réalisateurs préférés. En espérant qu'ils n'aient pas regardé l'émission!

24 juillet Tournage de la pub avec Ricardo au Cosmodôme de Laval.

25 juillet Rencontres avec les commanditaires CRDI - SUCO - UPA - DID. Fatigués, on a rencontré après ça la SAQ!

27 juillet Autre tournage avec Ricardo. Nous passons la journée à courir dans les champs, à nous rouler dans le gazon et à sauter dans la bouette. Non, Tide n'est pas un nouveau commanditaire, c'est plutôt un fantasme de Ricardo pour le clip de présentation des participants.

28 juillet Fin du tournage avec Ricardo. Soir: garden-party chez Monique. Durant une fête chez notre chère réalisatrice, elle nous présente de nouveaux amis: Louise, Manon, Jean-Michel et Michel. Ils ont l'air sympa, mais quelque chose me dit qu'ils sont du genre à parler dans notre dos (en mal) quand on n'est pas là (comme six mois à l'autre bout du monde).

31 juillet-2 août Montages des auto-portraits.

1 août Vaccins. Là, c'est la goutte qui fait déborder le bras et Natalie, pus capable, s'évanouit! (Il faudrait la vacciner contre les évanouissements!)

3 août Tournage des prix au Jardin Botanique.

7 août P.M. Cours d'autodéfense. Journée fort intéressante où on a appris à se faire sauter dessus dans le noir par le bonhomme Michelin!

8 août Conférence de presse. Entrevues. 17h: lancement chez l'Aventurier.

10 août Dernière rencontre générale.

11 août Un millier de trucs à faire avant de partir, comme faire notre testament ou montrer à Rex où est le Dr Ballard et comment fonctionne l'ouvre-boîte.

12 août Départs. «Y est-tu trop tard pour changer d'idée?!!»

LE RETOUR

Parmi les critiques qui reviennent souvent dans les commentaires des juges, il y a celle où on reproche à un film de contenir une double fin. Ironiquement, la Course, elle, n'en finit plus de finir.

D'abord, nos deux derniers films à monter. Mais à la maison, cette fois-ci, avec les parents, les amis, le monteur: « Vous êtes nuls à chier, tabarnak ! » Nuits blanches, mélanges, sens dessus dessous. État étrange, à fleur de peau, pour rendre l'âme jusqu'au bout.

Et c'est avec ce sentiment de rendre l'âme que ce 17 mars, à 17 h, nous présentons notre 17e film, bilan, critiqué *live* par nos bons amis les juges. Nous sommes tous fébriles et nerveux à l'idée de présenter quelque chose d'aussi personnel et visiblement, eux aussi. Peut-être sont-ce nos costards à la *Reservoir Dogs* qui les indisposent ou encore nos gros Beretta rose fluo ?

Puis tout a déboulé. Claude, le régisseur, a levé les bras, appelant un dernier applaudissement en studio et la musique s'est fait entendre. Nous nous sommes regardés, serrés, embrassés, souri. L'aventure était finie. Nous repassions d'individus à gang. Formant une ronde autour de notre cœur gros.

Mais non, justement, l'aventure n'est pas finie. Reste le gala à préparer. Tels des joueurs de hockey à la veille des séries éliminatoires, nous nous retranchons dans un chalet, question de préparer ce cirque dans tous les sens du terme. Gala-gala-gala. Une tasse-une tasse. Tels sont les refrains, les recettes de cette semaine nordique. Entre les dîners gastronomiques, bien arrosés, nous avons quelques éclairs de génie: le numéro du mouton de Jean-François, les secousses sismiques de Manon, les monologues carnassiers de Linda ou ceux, natarcissiques, de Natalie, germent dans nos cerveaux en constante ébullition, avec pour fond sonore la version japonaise de *Démétan*, sur laquelle Philippe et Stéphane se déchaîneront à jamais dans nos mémoires.

Et puis le gala. De nouveau, ce sentiment étrange de se retrouver devant ceux qui nous scrutent depuis des mois. On est là, face à face. Ils applaudissent à nous rompre... Et puis ouverture, 3 pauses pub, 6 rétros Course, 16 discours, autant de prix, 8 remises de trophée, 3 hommages, 8x2 minutes d'un dernier tour de piste, 1 queue de poisson, 1 générique et à l'an prochain... Qu'est-ce que vous avez pu apprendre de nous que vous ne saviez déjà? Presque rien. Le sens de cette soirée nous a semblé dilué par sa vitesse.

Enfin, il reste les émissions *Bilan*, moins agitées celles-là. Douze minutes chacun pour faire un retour *live* sur une expérience face à laquelle nous n'avons pas encore pris de recul. Une dernière occasion d'y aller d'une bouffonnerie, de lancer un message. Ce fut un beau party. Merci beaucoup. On vous passe maintenant le flambeau, les nouveaux.

Clac! Ils sont tombés dans le panneau! Eux aussi, pris au piège. Judith, Anne-Marie, Alexis, Antoine, Martin, Danic et les deux Pascal. À pas de souris, ils se sont fait prendre dans la trappe, attirés par ce fromage nommé Course. La tête coincée dans le piège, ils se débattront six mois durant. Ainsi pris, ils se livreront à nous. Ils nous partageront ce qu'ils ont de plus beau en eux. Et dans six mois, on les libérera. Comme ça. Et ils s'échapperont. La gorge nouée de se savoir en vie plus que jamais, alors si près de la mort. Ils s'enfuiront, une cicatrice entre la tête et le cœur. Mais qui s'en plaindra, le fromage est si bon.

Quant à nous, le moment est venu de « descendre dans la rue », d'aller rencontrer ces téléspectateurs, dont l'ampleur (400 000) est difficile à réaliser à distance. Les conférences nous permettent de mettre un visage sur ces statistiques. Ces rencontres se tiennent aussi bien dans des écoles, de tous les niveaux, que dans des centres de loisirs, des ONG, voire des cafés! Partout a lieu ce contact entre ceux qui font la Course et ceux par et pour qui elle existe... vous tous.

LA SÉLECTION DES NOUVEAUX COUREURS

Vendredi 28 juin 1996. 11 h 25. On entend des mouches voler. Les papillons dans l'estomac font un vacarme monstre. Dans quelques secondes, un engin nucléaire s'abattra dans la salle Télé-Cino de Radio-Canada. Ne restera que huit survivants. Les huit autres verront leur rêve éclater en mille morceaux. C'est la dernière étape de sélection des coureurs. La tension est toujours aussi insoutenable. Pierre Therrien laisse tomber les noms des huit nouveaux coureurs. BOOM! Explosion de joie et de tristesse!

Six semaines plus tard, Anne-Marie, Judith, Antoine, Alexis, Martin, Danic, Pascal et Pascal prennent place dans leur premier avion. Ils scintillent! Ils sont radieusement radioactifs! *Hey la gang! Contaminez-nous de votre douce folie! On vous aime tant!*

TABLE DES MATIÈRES

EN GUISE D'INTRODUCTION
PIERRE THERRIEN 5

EN COMMENÇANT PAR LA FIN
PATRICK BRUNETTE 9

EFFET MER
JEAN-FRANÇOIS COULOMBE 29

SOUS MA PEAU DE NOMADE
MANON DAUPHINAIS 57

POUSSIÈRE
PHILIPPE DESROSIERS 85

MAL DE TERRE
LINDA LAMARCHE 105

***BLIND DATE* AVEC LA PLANÈTE**
STÉPHANE LAPOINTE 133

NAVIGATION
NATALIE MARTIN 163

« HEUREUX QUI COMME L'OLIVE... »
MARIE-NOËLLE SWIDERSKI 181

LE MONTAGE 201

LE CALENDRIER DES PRÉPARATIFS 203

LE RETOUR 205

Achevé d'imprimer
en septembre 1996 sur les presses
de l'imprimerie Marquis

Imprimé au Canada